cuándo viajar y dónde

DK GUÍAS VISUALES

cuándo viajar y dónde

Colaboraciones Steph Dyson,
Taraneh Ghajar Jerven, Rebecca Hallett,
Stephen Keeling, Mike MacEacheran,
Shafik Meghji, Olivia Rawes, Daniel
Stables, Gavin Thomas, Aimee White
Edición sénior Alison McGill
Diseño sénior Laura O'Brien
Edición de proyecto Lucy Richards
Diseño de proyecto Ben Hinks
Edición Danielle Watt, Rebecca Flynn,
Emma Grundy Haigh, Lucy Sara-Kelly
Documentación fotográfica adicional
Harriet Whitaker
Cartografía
Casper Morris
Diseño de cubierta Laura O'Brien,
Ben Hinks
Diseño DTP Jason Little
Producción sénior
Stephanie McConnell
Responsable editorial Hollie Teague
Dirección de arte Maxine Pedliham
Dirección editorial Georgina Dee

De la edición española
Coordinación editorial Elsa Vicente,
Cristina Gómez de las Cortinas
Asistencia editorial y producción
Malwina Zagawa

// CONTENIDOS

Izquierda Playa de Bali bordeada por el mar y una frondosa vegetación

Página anterior Típico taxi amarillo de Nueva York

Cubierta delantera Paseando por un bello paisaje montañoso

Quién no ha viajando alguna vez con un dedo sobre un mapa e imaginado una lista de itinerarios y actividades únicas para escapar de la rutina: contemplar las auroras boreales en el Círculo Polar Ártico, ir a la fiesta de Holi en India, ver pingüinos en la Patagonia. Pero, ¿qué destino elegir y, sobre todo, cuándo ir?

Cuando se planifica un viaje, la pregunta que surge con más frecuencia es cuál será la mejor época para viajar, una duda que a menudo impide poner fecha al proyecto soñado. Además, ¿quién no ha sufrido una decepción por visitar lugares en el momento equivocado? Tal vez se esperaban playas solitarias pero se encuentran costas abarrotadas de gente tomando el sol. O quizá se imaginaban ciudades bulliciosas pero se encuentran calles desiertas. Por no hablar del tiempo, que puede arruinar el sueño de infinitos cielos azules con lluvias torrenciales.

En *Cuándo viajar y dónde* se han recopilado las rutas, destinos y celebraciones más inolvidables de cada mes del año, para saber exactamente cuándo planificar la próxima aventura. También se han incluido maravillosas fotografías que enamorarán y transportarán a tierras lejanas al futuro viajero, que hallará en estas páginas la inspiración que busca. Si se piensa en una escapada para comenzar el año, o se ha reservado de septiembre a octubre para acudir a un lugar lejano, *Cuándo viajar y dónde* ofrecerá multitud de posibilidades —desde emocionantes fiestas y eventos en Etiopía y Albuquerque, hasta seductores paisajes en las Maldivas y la Toscana, o espectaculares encuentros con animales salvajes en Uganda y Borneo—.

Este libro propone destinos para cada mes del año y a todos los rincones del planeta. Lo mejor es acomodarse en una silla y dejarse llevar por sus sorprendentes propuestas sobre cuándo viajar y dónde.

En el sentido de las agujas del reloj desde arriba a la izquierda Reno en pleno invierno, Laponia; *geishas* charlando al inicio de la primavera, Kioto; atardecer de verano en la capilla de San Govan, Pembrokeshire; árbol en flor en agosto, Mozambique

// ENERO

Frondoso litoral
de la isla Dhigurah,
en las Maldivas

Arriba Impresionante iglesia del Salvador sobre la Sangre Derramada junto al canal Griboyedov

Izquierda Grandiosa escalera del palacio de Invierno; tejados nevados de la catedral Smolny y su convento

SAN PETERSBURGO

Europa Rusia
SAN PETERSBURGO

POR QUÉ IR *En enero, en pleno invierno ruso, se convierten en realidad esas escenas con cúpulas doradas sobre tejados nevados, ríos congelados, comidas y bebidas reconfortantes y troikas (coches de caballos) recorriendo calles heladas.*

A escasa distancia de las fronteras con Finlandia y Estonia se encuentra San Petersburgo, una joya a orillas del río Neva. Fundada hace tres siglos por el zar Pedro el Grande, San Petersburgo fue concebida como la *ventana hacia occidente* de Rusia, y aún sigue siéndolo.

Pedro I levantó su nueva capital sobre un terreno pantanoso que se drenó mediante los canales que hoy otorgan tanta belleza a la ciudad. Los preciosos canales de San Petersburgo le han valido comparaciones con Venecia y Ámsterdam y de hecho sus amplias avenidas, sus monumentales edificios de estilo rococó y clásico y sus encantadores parques presentan un diseño muy europeo, aunque con un inconfundible toque ruso. Esta combinación crea un conjunto grandioso, sobre todo en los alrededores del impresionante palacio de Invierno, que mira hacia el ancho río Neva, y a lo largo de la arteria principal de la ciudad, Nevsky Prospekt (avenida Nevsky).

El palacio de Invierno alberga el Museo Estatal del Hermitage, sede de una de las mejores colecciones de arte del mundo y destacada institución de esta ciudad, considerada desde siempre capital cultural. En ella nació el *ballet* ruso y por sus calles vagan aún los espíritus de Tchaikovsky, Dostoyevski, Rimsky-Korsakov, Nijinsky y Pushkin, que pasaron en ella largos periodos de sus vidas.

La actual San Petersburgo, que fue acicalada para la Copa Mundial de fútbol de 2018, posee magníficos espacios creativos y una dinámica oferta de ocio y vida nocturna, además de una buena variedad de restaurantes y tiendas, lo que la convierte en una de las ciudades más elegantes de Europa oriental.

Otros meses para ir
Mayo Varias festividades con desfiles.
Junio Durante el mes de las noches blancas el sol no llega a ocultarse, lo que significa días más largos para recorrer la ciudad.

PLANIFICA TU VIAJE **Llegada** San Petersburgo recibe vuelos directos desde muchas capitales europeas. **Desplazamientos** El metro de San Petersburgo es la mejor opción para moverse por la ciudad. También hay trenes suburbanos, autobuses, tranvías, trolebuses y *marshrutky* (minibuses). **Tiempo** En enero la ciudad está cubierta de nieve y las temperaturas bajan aún más por la noche. **Temperatura media** -10 ºC.

LALIBELA

África Etiopía
LALIBELA

POR QUÉ IR *Lalibela es conocida como la «Petra de África» por sus iglesias labradas en la roca. El misticismo de la localidad resulta tangible en enero, cuando los lugareños celebran* Leddet *(Navidad) y* Timkat *(Epifanía).*

Lalibela, situada en el abrupto macizo de Lasta, es uno de los principales destinos histórico-religiosos del continente africano. Sus once iglesias medievales ocupan huecos excavados en la roca, con el tejado a ras de suelo, y parecen llevar siglos intactas. Por sus pasadizos tenuemente iluminados avanzan sacerdotes ataviados con túnicas y de las criptas y grutas llega el sonido de sus cánticos. El olor a incienso lo impregna todo y los ermitaños, sumidos en el estudio de las escrituras, ocupan diminutos espacios toscamente labrados. Un constante flujo de peregrinos acude a rezar para pedir salud, dinero y buena suerte.

Este antiguo lugar sagrado se anima al inicio del año. El 7 de enero el goteo de peregrinos se convierte en torrente cuando acuden a celebrar *Leddet,* la Navidad etíope, entre los impresionantes templos. Y el 19 de enero es *Timkat,* el día del bautismo de Jesús. De todos los rincones surgen procesiones, salmodias o personas cantando y bailando, y la localidad se colorea con las alegres prendas que visten los asistentes. Da la impresión de que se hubiera retrocedido en el tiempo, y en cierto modo así es. Lalibela parece un escenario bíblico, y es que Etiopía fue el segundo país del mundo que adoptó el cristianismo (en torno a 350 d. C.), así que su conexión con esta religión es larga y fuerte.

Otros meses para ir
Octubre Menos turistas, sol y un frondoso paisaje para disfrutar de agradables recorridos.

PLANIFICA TU VIAJE **Llegada** Los vuelos internacionales aterrizan en Addis Abeba, a 640 km, desde donde se puede volar a Lalibela. **Desplazamientos** Los vuelos nacionales son económicos si se compran en Etiopía. Se puede alquilar un coche, pero es caro. **Tiempo** Debido a la altitud a la que está, Lalibela no es un lugar caluroso, y por la noche la temperatura baja bastante. **Temperatura media** 19 °C.

En el sentido de las agujas del reloj Sacerdote ortodoxo en el pasillo de roca que comunica las iglesias de Beta Medhane Alem y Beta Maryam; devotos ascendiendo hacia la puerta de Beta Giyorgis o iglesia de San Jorge; peregrinos en torno a la iglesia cruciforme de Beta Giyorgis

JACKSON HOLE

América del Norte Estados Unidos
JACKSON HOLE

POR QUÉ IR *Laderas cubiertas de nieve polvo y un hermoso paisaje: esta es la época ideal para que los amantes del esquí y el* snowboard *disfruten de Jackson Hole.*

Izquierda y abajo
Esquiadores disfrutando de la nieve en la estación de esquí de Jackson Hole

La enorme estación de esquí de Jackson Hole es famosa entre los esquiadores por su exigente terreno, que incluye el Corbet's Couloir, un angosto y vertiginoso descenso solo para temerarios o aspirantes a las olimpiadas. Para el resto de los mortales existen pistas pisadas por las que desplazarse sin esfuerzo y zonas fuera pista con nieve polvo que dejan a los aficionados al esquí y el *snowboard* con ganas de más.

La estación de Jackson Hole se encuentra en el corazón de la cordillera Teton, relativamente aislada en el extremo noroeste de Wyoming. Se extiende por dos macizos, Rendezvous y Apres Vous, y ofrece a los amantes de la nieve numerosas y variadas opciones. En enero los esquiadores encuentran sol, cielos despejados y un espesor medio de nieve de 1.200 cm. Las inversiones térmicas permiten disfrutar de una experiencia única, ya que el valle se cubre de niebla pero por encima el cielo permanece azul, así que da la sensación de estar esquiando por las nubes.

Otros meses para ir
Junio El tiempo es más cálido y se pueden hacer rutas a pie por las montañas. **Julio-agosto** La música clásica inunda Jackson Hole durante las seis semanas que dura el Grand Teton Music Festival.

PLANIFICA TU VIAJE Llegada A la localidad de Jackson, en Wyoming, llegan vuelos desde Chicago, Dallas, Salt Lake City y Denver. **Desplazamientos** Hay autobuses regulares entre la localidad y la estación de esquí. **Tiempo** Es impredecible; pueden encontrarse desde cielos azules hasta grandes nevadas. **Temperatura media** 0 °C.

ASCENSIÓN AL KILIMANJARO

Existen varias rutas a la cima
de esta emblemática montaña.
Estas son nuestras preferidas.

1 La **ruta Marangu** necesita
5 días y es el itinerario
más directo a la cima.
Atraviesa campos de cactus
y praderas alpinas.

2 La **ruta Machame**, la más
popular, suele requerir
6 días. El esfuerzo se verá
recompensado con una
increíble variedad de vistas.

3 La **ruta Lemosho** se mantiene
relativamente intacta
y está considerada la más
panorámica. Se tarda entre
7 y 8 días en hacerla.

4 La **ruta Rongai** dura unos
6 días. Está menos transitada
que otras rutas, lo que
aumenta las posibilidades
de ver animales salvajes.

5 La **ruta del Circuito Norte**
es la más larga y fascinante.
Se necesitan unos 9 días para
completarla y las vistas de
360º del paisaje circundante
son inigualables.

CONSEJO

Conviene recordar que la aclimatación a la
altitud durante la ascensión requiere tiempo.
Una ruta más larga suele permitir más paradas
para descansar, lo que facilita la adaptación
y ofrece una mayor variedad de vistas.

KILIMANJARO

África Tanzania
KILIMANJARO

POR QUÉ IR *En enero se evitan las intensas lluvias en las llanuras, lo que convierte el ascenso al Kilimanjaro en una experiencia aún más memorable.*

La sabana salpicada de jirafas, gacelas o cebras que se divisa desde el avión es un inicio suave a la aventura en Tanzania. Pero no conviene relajarse mucho porque al bajar del aparato nos aguarda el ascenso a la cumbre más alta de África.

Durante la subida al Kilimanjaro, el paisaje cambia constantemente. Primero se atraviesa un bosque tropical repleto de aves. De vez en cuando, por algún hueco entre los árboles, se atisban las llanuras inferiores, como un preludio de lo que está por llegar. Poco después el bosque deja paso a los páramos. Los senecios y lobelias gigantes colonizan esta zona, donde la ausencia de pájaros y demás animales resulta inquietante. A continuación, el páramo se torna en desierto y empieza a notarse la altitud en forma de punzante dolor de cabeza y una sed aparentemente insaciable. Muy pronto la tundra altera de nuevo el entorno y se siente que el final está cerca.

El día que se llega a la cima se sale a la 1.00. La tundra se vuelve un derrubio seco y helado, lo que dificulta el avance. *«Poli, poli»* –despacio, despacio– es el mantra de los guías, mientras el viento barre la ladera de la montaña. A las 4.00, sin embargo, la temperatura empieza a ascender y, como un telón que sube para descubrir un bello escenario, aparecen las llanuras de África. Cuando se alcanza una de las siete cumbres del mundo bajo la plateada luz del amanecer, se comprende la atracción que ejerce esta gran montaña africana.

Otros meses para ir

Junio-octubre Es el momento de ver la gran migración de ñus en Tanzania.

PLANIFICA TU VIAJE **Llegada** Tanzania, en África oriental, cuenta con los aeropuertos de Dar es Salaam, Kilimanjaro y Zanzíbar. **Desplazamientos** Ascender con un grupo suele ser más sencillo que por libre. **Tiempo** La altitud en las zonas de montaña suaviza el clima, que es tropical. **Temperatura media** 28 °C.

Pernoctando bajo la Vía Láctea en el campamento Barranco del Kilimanjaro

PATAGONIA

América del Sur
PATAGONIA

POR QUÉ IR *Esta ruta estacional desciende por Chile hasta Argentina y descubre un paisaje hermoso, desolado y absolutamente inolvidable.*

Amanece en el canal de Beagle y las primeras luces del día iluminan el hielo azul de los glaciares que flotan en torno al barco. Un estruendoso chasquido rompe el profundo silencio invernal cuando un gran fragmento de hielo se resquebraja y cae al océano. Esto es el sur de la Patagonia, un territorio con glaciares enormes, un bosque espeso autóctono y una fauna increíble.

El crucero por el estrecho de Magallanes, desde Punta Arenas en Chile hasta Ushuaia en Argentina, ofrece unas vistas impresionantes. A medida que el barco serpentea por la red sinuosa de canales e islas, se va descubriendo esta tierra de extremos, desde la vegetación y la fauna de los parques nacionales hasta los vientos que azotan los glaciares de marea. Las excursiones en zódiac y a pie permiten contemplar de cerca el territorio fascinante y su vida salvaje maravillosa. En los islotes Tucker se reúnen alrededor de 4.000 pingüinos de Magallanes, cuyas pequeñas figuras blancas y negras crean un espectáculo irresistible. Desde el mirador del seno Pía se ve cómo el glaciar Pía avanza hacia el mar, y en los islotes Tucker los delfines escoltan el barco hacia el interior de la bahía. Al llegar al cabo de Hornos, la sensación es de aislamiento absoluto.

Otros meses para ir
Marzo Los cruceros son más asequibles y acuden menos turistas.
Noviembre-diciembre Tiempo cálido y abundante fauna salvaje.

PLANIFICA TU VIAJE Llegada Hay cruceros de septiembre a marzo. Los vuelos internacionales llegan a Santiago (Chile), donde se toma un avión a Punta Arenas, punto de partida del crucero. **Desplazamientos** En las escalas se pueden hacer rutas a pie. **Tiempo** Temperaturas suaves y algo de lluvia. **Temperatura media** 14 °C.

LOS MEJORES PARQUES NACIONALES DE LA PATAGONIA

1 El **Parque Nacional Torres del Paine** está en la Patagonia chilena e incluye montañas y lagos. La impresionante cordillera del Paine es la joya de la corona del parque.

2 El **Parque Nacional Tierra del Fuego** se encuentra en el extremo argentino de la isla de Tierra del Fuego. Su abrupto y vasto paisaje sirve de hábitat a una abundante fauna.

3 El **Parque Nacional Laguna San Rafael** está en la costa pacífica de Chile. Es famoso por albergar el impresionante campo de hielo patagónico norte, que se extiende por el paisaje.

4 El **Parque Nacional Queulat**, en la Patagonia chilena, alberga cumbres nevadas y frondosos bosques. En este parque se encuentra el glaciar Queulat, suspendido sobre una pared de roca.

5 El **Parque Nacional Los Glaciares** está en la provincia de Santa Cruz, en la Patagonia argentina. El increíble glaciar Perito Moreno *(abajo)* se encuentra en esta zona.

«Esto es el sur de la Patagonia, un territorio con enormes glaciares, un espeso bosque autóctono y una increíble fauna»

En el sentido de las agujas del reloj desde arriba
El espectacular salto Grande, Chile; grupo de pingüinos en la Patagonia; barco surcando las aguas heladas de Chile

Idílicas playas de arena y frondosa vegetación en la isla de Herathera, en las Maldivas

ISLAS MALDIVAS

Asia Océano Índico
ISLAS MALDIVAS

POR QUÉ IR *Las islas Maldivas son famosas por sus aguas cristalinas y sus playas bañadas por el sol. Enero ofrece cielos azules y poca o nada de lluvia, ideal para relajarse en el paraíso.*

Este remoto archipiélago en el océano Índico es un verdadero paraíso. En sus islas tropicales, cada una con su propio arrecife de coral y una laguna de aguas bajas color turquesa, se encuentran cocoteros y árboles frutales mecidos por la brisa y bellas playas de arena blanca con conchas de todo tipo.

La estancia en las islas Maldivas permite alejarse de la estresante realidad de la vida moderna y en sus complejos turísticos, centrados en el descanso y la relajación, uno se siente como en casa. El reloj biológico vuelve a sincronizarse con los sencillos ritmos de la naturaleza, gobernados por la salida y la puesta del sol, así que solo hay que preocuparse de satisfacer las necesidades básicas −comer y dormir−, lo cual resulta fácil. El cuerpo se fortalece nadando y practicando surf,

el espíritu se revitaliza disfrutando del sol y contemplando los espectaculares atardeceres, y la mente descansa. Quienes se sientan especialmente aventureros pueden unirse a una salida de buceo y descubrir los mágicos jardines submarinos de las islas, hábitat de una fauna impresionantemente rica.

En esta época del año el ambiente es cálido y húmedo, y la fresca brisa marina atenúa el calor. La temporada seca se prolonga de diciembre a marzo, y aunque llegue a las islas un suave monzón del noreste, los cielos se mantienen azules y el agua permanece en calma.

Otros meses para ir
Marzo-abril En primavera la visibilidad bajo el agua es buena, por lo que es una época ideal para nadar entre tiburones ballena y, con suerte, mantarrayas.

PLANIFICA TU VIAJE **Llegada** Los vuelos internacionales suelen aterrizar en el aeropuerto internacional de Velana, en Hulhulé. SriLankan Airlines ofrece vuelos frecuentes. **Desplazamientos** Los *dhonis* (embarcaciones de madera) son un transporte popular, al igual que los hidroaviones. Malé y otras islas grandes disponen de taxis, pero la mayoría de las islas pueden recorrerse a pie. **Tiempo** En enero las brisas marinas atenúan el calor. **Temperatura media** 29 °C.

TROMSØ

Europa Noruega
TROMSØ

POR QUÉ IR *El momento y el lugar son clave cuando se trata de ver auroras boreales. Enero ofrece una gran oportunidad de tachar este fascinante fenómeno de la lista de deseos.*

Las mágicas auroras boreales danzan en el oscuro cielo nocturno de Tromsø creando un maravilloso espectáculo de exquisito colorido. Estas bandas de luz en tonos verde, rojo, rosa y –en ocasiones– púrpura se forman cuando las partículas cargadas de las tormentas solares golpean la atmósfera terrestre, este choque genera una etérea ilusión de infinitud, un espectáculo de luz ofrecido por los cielos. No resulta extraño que la cultura indígena sami crea que estas auroras en el cielo son las almas de los muertos, ni que los vikingos pensaran que eran un puente de fuego construido por los dioses. Independientemente de su origen, jamás se olvida el momento en que se contempla este fenómeno sobre el manto de estrellas.

Quienes desean contemplar auroras boreales se dirigen a Tromsø, una ciudad situada 350 km al norte del círculo polar ártico, en la isla de Tromsøya. En Tromsø y sus alrededores cubiertos de abruptas cumbres nevadas pueden verse auroras boreales de octubre a marzo, periodo en el que la ciudad permanece sumida en la oscuridad 20 horas al día. En enero se tienen más posibilidades de encontrar cielos despejados, y se puede disfrutar de las actuaciones musicales del Festival de las Auroras Boreales de la ciudad.

Otros meses para ir
Febrero-marzo Cielos despejados para ver auroras boreales.
Mayo-julio Con el sol de medianoche los días son infinitos.

PLANIFICA TU VIAJE **Llegada** El aeropuerto de Tromsø está a 5 km del centro de la localidad y recibe vuelos desde las principales ciudades noruegas. **Desplazamientos** Los autobuses urbanos son fiables. Se puede alquilar un coche para recorrer los alrededores. **Tiempo** Nieve garantizada y vientos helados que aumentan la sensación de frío. **Temperatura media** -5 °C.

AVENTURAS INVERNALES

Tromsø y su entorno ártico resultan un destino muy atractivo para los cazadores de auroras boreales.

Los **recorridos en barco por los fiordos** permiten avistar fauna salvaje, también en invierno. Se parte de Tromsø y se pueden ver frailecillos, orcas e incluso ballenas jorobadas.

El **teleférico de Fjellheisen** sube al monte Storsteinen, que ofrece magníficas vistas de Tromsø y es ideal para ver auroras boreales.

Pasear en trineo y alimentar a los **renos**, igual que los sami en su día a día, son actividades que permiten disfrutar de estos animales.

Tromsø por
la noche,
con la catedral
iluminada y
las majestuosas
auroras boreales

Atardecer sobre
Wat Arun y el río
Chao Phraya,
Bangkok

Asia Tailandia
BANGKOK

Paseando al
atardecer por
la playa Long
Bay de Negril,
Jamaica

POR QUÉ IR *Enero es bastante seco y la celebración del Año Nuevo chino y occidental crea un ambiente festivo.*

A primera vista, Bangkok aparece como una ciudad gigantesca en la que conviven más de ocho millones de habitantes y con un tráfico caótico. Fijándose un poco, se descubre su increíble belleza y atractivo: por la mañana la bruma se alza sobre el río Chao Phraya, revelando las torres doradas del Gran Palacio y los templos circundantes. Y con más calma, se perciben los pequeños detalles que caracterizan la vida en la ciudad: comerciantes realizando ofrendas a pequeñas estatuas de Buda; cocineros ambulantes trabajando tras chisporroteantes hornillos; y monjes arreglando cuidadosamente los templos para la jornada.

Bangkok se fundó en 1782 y estaba destinada a ser más exuberante aún que la antigua capital a la que sustituyó, Ayutthaya. El pasado de la ciudad sigue vivo en Thonburi, cuyos estrechos canales serpentean entre un laberinto de casas sobre pilotes, templos y tiendas junto al agua –un escenario que no ha cambiado en siglos–. Al sur de la ciudad está el mercado flotante de Damnoen Saduak, un hervidero de tiendas y restaurantes entre los que merece la pena deambular.

Otros meses para ir
Abril *Songkran*, el Año Nuevo tailandés, se celebra con batallas de agua. **Noviembre** El Wat Saket de Bangkok se cubre con una tela roja para la fiesta del templo del Monte Dorado.

PLANIFICA TU VIAJE **Llegada** El aeropuerto internacional de Suvarnabhumi está a unos 45 min en taxi del centro. Algunas aerolíneas de bajo coste usan el aeropuerto de Don Muang. **Desplazamientos** El transporte más rápido es el Skytrain, pero no llega a todas las zonas; puede combinarse con barcos, taxis o *tuk-tuks* (acordar el precio primero). **Tiempo** Soleado y caluroso. **Temperatura media** 32 °C.

JAMAICA

Antillas
JAMAICA

POR QUÉ IR *La seductora Jamaica ofrece una embriagadora combinación de cultura, cocina, historia, playas y paisajes. Los principales atractivos de este país caribeño se disfrutan mejor con las templadas y agradables temperaturas de enero.*

Playas que se funden con el mar, cascadas en bosques color esmeralda, montañas de 2.200 m cubiertas de arboleda: Jamaica es un auténtico regalo para la vista, pero esta idílica isla caribeña tiene mucho más que ofrecer. Se puede ascender por las cascadas del río Dunn, descender en una balsa de bambú por el río Martha Brae o buscar manatíes en los pantanos del río Black. Sin olvidarse de acabar el día en los acantilados de Negril, en el extremo oeste de la isla, donde se puede asistir a un concierto mientras se contempla cómo el sol desaparece bajo el cielo anaranjado.

Otros meses para ir
Julio La música del Reggae Sumfest llena la bahía de Montego. En esta época suelen bajar los precios de los hoteles.

PLANIFICA TU VIAJE **Llegada** Hay dos aeropuertos internacionales: Montego Bay (Sangster) y Kingston. **Desplazamientos** Los mejores transportes son autobuses, taxis y coches de alquiler. **Tiempo** Despejado y con temperaturas suaves. **Temperatura media** 26 °C.

COSTA
RICA

América Central
COSTA RICA

POR QUÉ IR *Con parques nacionales y reservas naturales repletos de fauna en esta época del año, Costa Rica es un destino perfecto para descubrir la diversidad de la región tropical centroamericana.*

Guacamayos chillando en lo alto de los árboles, monos saltando entre el denso manto vegetal y cocodrilos a orillas de los ríos: esto es Costa Rica, un inigualable territorio repleto de animales. La abundante fauna salvaje es uno de los principales atractivos de este diminuto país centroamericano, donde se concentra el 6 % de la biodiversidad del planeta. Sus numerosos parques nacionales y reservas naturales abarcan doce ecosistemas distintos, todos ellos preparados para ser descubiertos.

El bosque nuboso de Monteverde, envuelto en etéreas neblinas, es completamente distinto al bosque tropical seco del noroeste pacífico, el manglar de Terraba-Sierpe o el bosque tropical de las tierras bajas de Corcovado y Tortuguero –este último surcado de canales estupendos para avistar animales–. En la costa la frondosa vegetación se extiende hasta las playas de arena, donde desovan las tortugas marinas y las huellas de patas delatan el paso de algún jaguar. Además están los humeantes volcanes de la montañosa columna vertebral del país; se puede disfrutar de los manantiales termales que rodean el volcán Arenal y luego echar un vistazo dentro del cráter del Poás. Y al sur se elevan la descomunal cordillera de Talamanca, que no es de origen volcánico, y el cerro Chirripó, el pico más alto de Costa Rica, cuyas laderas cubiertas de bosque nuboso y páramo conducen hasta una cima con impresionantes vistas.

Dado el pequeño tamaño del país y su magnífica red de transporte, resulta sencillo visitar los distintos ecosistemas en un mismo viaje. Muchos visitantes optan por aventuras cargadas de adrenalina, como excursiones en *quad,* recorridos en tirolina por el manto vegetal, surf en el océano o descenso de aguas bravas por los ríos Pacuare o Reventazón; otros se decantan por alternativas más relajadas, como alguno de los numerosos retiros de yoga o las tranquilas playas. Independientemente de la opción elegida, Costa Rica resulta siempre inspiradora.

Otros meses para ir
Agosto-septiembre Buena época para avistar ballenas en la zona sur, donde las madres enseñan a nadar a sus crías cerca de la bahía Ballena. **Octubre** El carnaval de Limón, con carrozas, música y disfraces, se celebra en la parte caribeña del país.

PLANIFICA TU VIAJE **Llegada** Hay un aeropuerto internacional en la capital, San José, y otro en Liberia. **Desplazamientos** Se puede llegar a cualquier punto del país en autobús, pero es mejor moverse en coche. **Tiempo** Enero está dentro de la temporada seca. Las zonas bajas son las más calurosas. **Temperatura media** 24 °C.

DÓNDE VER FAUNA SALVAJE EN COSTA RICA

Gracias a su diversidad climática, Costa Rica alberga una gran variedad de animales.

1 Las **ballenas jorobadas** se reúnen en las aguas al suroeste del país al final del invierno y del verano para realizar sus espectaculares rituales de cortejo, que incluyen saltos y cánticos.

2 Los **perezosos bayos tridáctilos** habitan las frondosas tierras bajas caribeñas. En los senderos próximos a Cahuita pueden verse ejemplares adultos moviéndose lentamente entre las ramas.

3 Las **mariposas Morpho** aparecen de repente en los boscosos senderos de los jardines de Monteverde. En vuelo, sus alas iridiscentes muestran un intenso color azul.

4 Los **guacamayos rojos** forman ruidosas bandadas en la península de Osa. En enero pueden avistarse parejas criando desde los recorridos en tirolina del Parque Nacional de Corcovado.

5 Las **tortugas oliváceas** llegan en masa a la costa pacífica en la denominada arribada, cuando miles de hembras buscan un espacio en la playa para anidar. Pueden verse en el litoral de Guanacaste y Nicoya de julio a diciembre.

En el sentido de las agujas del reloj desde arriba
Parque Nacional de Corcovado, península de Osa; puente colgante en el bosque nuboso de Monteverde; rana arborícola

// FEBRERO

Pingüinos papúa
enfrentándose al viento y
la nieve en la Antártida

AGRA

Asia India
AGRA

POR QUÉ IR *El tiempo cálido y seco de febrero es perfecto para disfrutar de la majestuosa arquitectura mogol, incluido su monumento más famoso: el Taj Mahal.*

Al pasear por las tumbas, palacios y fuertes que se conservan del Imperio mogol, se tiene la sensación de haber retrocedido en el tiempo. Los mogoles reservaban a sus mejores artesanos para las construcciones funerarias, algo que resulta evidente en el Taj Mahal. Por conocido que sea este increíble monumento, no hay nada como contemplarlo de cerca. El mármol absorbe la luz y cambia con ella: rosado al alba, blanco e inmaculado con el sol del mediodía, oscuro y sensual al atardecer y etéreo y fantasmal bajo los difusos rayos de la Luna.

A una hora en coche está Fatehpur Sikri, la elegante capital de arenisca roja que el emperador Akbar construyó en 1585. En sus inmaculados patios,

casi se escucha la música sufí antaño interpretada en el santuario cercano para los bailarines que llenaban la gran plaza ajedrezada. Y mirando las estancias en penumbra del palacio a través de las ventanas, se imaginan las risas de las mujeres del harén envueltas en un caleidoscopio de sedas y muselinas.

Los descendientes de los maestros que crearon estos monumentos intemporales venden hoy hermosas piezas con incrustaciones de mármol y delicados bordados en los bazares de Agra, una bulliciosa ciudad que aún conserva un ambiente realmente indio.

Otros meses para ir
Octubre-noviembre Tiempo fresco y seco tras el monzón.

PLANIFICA TU VIAJE **Llegada** El aeropuerto internacional Indira Gandhi está a menos de 10 km de Agra. **Desplazamientos** Hay *rickshaws* a motor, *tongas* (coches de caballos), *rickshaws* a pedales y taxis. **Tiempo** En febrero las temperaturas son agradables y las lluvias aún no han llegado. **Temperatura media** 25 °C.

Barquero surcando
el río Yamuna
junto al Taj Mahal
al amanecer

LA HABANA

Antillas Cuba
LA HABANA

POR QUÉ IR *Los días soleados y secos de febrero son perfectos para recorrer esta histórica ciudad, y las noches frescas invitan a bailar en los clubes de salsa.*

La vibrante capital de Cuba se mueve a un ritmo que atrapa. Desde la inauguración del cabaré Tropicana, la música y los bailes afro-latinos de La Habana han cautivado al mundo entero. Todo empezó en 1939 con una idea brillante: montar un escenario en el frondoso jardín tropical de una propiedad a las afueras de la ciudad y llenar los caminos de acceso de artistas bailando música afro-cubana, con un vestuario y unas coreografías lo suficientemente sensuales como para atraer al público hasta aquel exótico paraíso. El Tropicana, que llegó a representar la decadencia pre-revolucionaria de la Cuba de Batista, sobrevivió incluso a la revolución. Febrero es el mes perfecto para visitarlo, ya que llueve poco –o nada–, lo que permite disfrutar de la noche al aire libre mientras el espectáculo se prolonga hasta altas horas de la madrugada.

La Habana, igual que el Tropicana, está llena de ritmos y música: el reguetón que retumba en las radios de los coches, las olas que golpean rítmicamente el Malecón y la salsa que se cuela por las ventanas abiertas de los bares. Además, es una ciudad que conmueve con sus antiquísimos coches pasando junto a mansiones desmoronadas y apenas iluminadas por las farolas. Lo mejor es empezar por la Habana Vieja y los magníficos edificios barrocos de la catedral de San Cristóbal y el palacio de los Capitanes Generales, con ricos mármoles y líneas onduladas que recuerdan un refinado pasado. Luego se puede ir a Centro Habana para visitar el Capitolio, uno de los iconos de la ciudad. En su interior está el suntuoso salón de los Pasos Perdidos, cuya inquietante acústica le ha dado nombre. Y más tarde se puede revivir el pasado colonial de Cuba en el Hotel Inglaterra, cuyo bar sirve unos mojitos perfectos y reúne a los cubanos elegantes. Puede que La Habana siga avanzando hacia el futuro –con multitud de bares y restaurantes modernos repartidos por la ciudad–, pero da la sensación de que se hubiera quedado detenida en 1960, lo que la convierte en una de las ciudades más fascinantes del mundo.

Otros meses para ir

Julio-agosto No hay que perderse el Carnaval de La Habana, una fiesta de una semana que llena las calles de la ciudad de música y vistosos desfiles.

Derecha Coche antiguo en una típica calle de La Habana

Abajo La cúpula del Capitolio elevándose sobre el Gran Teatro; camarero preparando un tradicional mojito

PLANIFICA TU VIAJE Llegada El principal aeropuerto es el de José Martí, a 15 km al suroeste de La Habana. **Desplazamientos** Taxis, coco-taxis (vehículos para 2 personas), bicicletas de alquiler y recorridos a pie son las opciones más baratas y sencillas. **Tiempo** Febrero es el mes menos lluvioso y húmedo, con días soleados y frescos gracias a los vientos alisios del norte. **Temperatura media** 22 °C.

OTTAWA

América del Norte Canadá
OTTAWA

POR QUÉ IR *El Winterlude se celebra en febrero, durante dos o tres semanas, aunque la mayoría de conciertos, carreras y actividades tienen lugar los fines de semana. En una breve visita se puede disfrutar del festival y la ciudad.*

Ottawa ha sido bendecida (o condenada) con unos inviernos muy fríos, lo que convierte la ciudad en un patio de juegos invernal. La nieve suele hacer su aparición en noviembre y se mantiene hasta finales de abril, por lo que la población puede optar por reunirse a cubierto o aprovechar la situación al máximo. Muchos habitantes de Ottawa ignoran el termómetro y se dedican a disfrutar de los deportes, tiendas y museos que la capital canadiense ofrece. Así que, por qué no calzarse unos patines y unirse a los lugareños que se deslizan por la superficie helada del canal Rideau, pasando bajo puentes y junto a embajadas.

Durante el Winterlude, los parques de Ottawa se llenan con el zumbido de las motosierras y el golpeteo de los cinceles de los artistas que crean esculturas de hielo y nieve, mientras los niños dan paseos en trineos de perros o les pintan las enrojecidas caras. Y para cuando se necesita entrar en calor, hay muchas actividades a cubierto, como ver las antiguas locomotoras del Canada Science and

Technology Museum o los esqueletos de dinosaurios y fósiles del Canadian Museum of Nature. Tampoco hay que perderse el bullicioso barrio del ByWard Market, con su vistoso arte de calle, tiendas de artesanía y restaurantes. El ByWard Market Building en George Street alberga un mercado de alimentación, donde se venden especialidades canadienses como queso y chocolate con sirope de arce.

Cuando cae la noche y la temperatura baja más aún, lo mejor es encaminarse hacia los bares y cafés. Durante el Winterlude, se puede acompañar los fines de semana por la noche a los amantes de la música que se arremolinan para ver actuar a una ecléctica selección de bandas. Estos conciertos al aire libre se celebran bajo un resplandeciente dosel de luces y estrellas.

Otros meses para ir
Mayo Para disfrutar de los millones de tulipanes que cubren Ottawa y del Festival del Tulipán Canadiense a mediados de mes.

Arriba El Parlamento de Ottawa junto a la orilla nevada del río Ottawa

Izquierda Túnel de los Faroles erigido en el Confederation Park para el Winterlude; escultor de hielo tallando una pieza en el Winterlude

---

PLANIFICA TU VIAJE **Llegada** Ottawa recibe muchos vuelos internacionales y el aeropuerto está a 20 min del centro. También llegan aviones, autobuses y trenes desde otras ciudades canadienses. **Desplazamientos** Ottawa se puede recorrer fácilmente a pie. El O-Train y los autobuses dan servicio al centro y las afueras. **Tiempo** En febrero el cielo suele estar cubierto; es probable que nieve y/o llueva. **Temperatura media** -9 °C.

ZERMATT

Europa Suiza
ZERMATT

POR QUÉ IR *Las laderas cubiertas de nieve que rodean Zermatt alcanzan sus condiciones óptimas en febrero.*

Los pintorescos chalés de esta típica localidad suiza salpican las laderas de la montaña y los trineos tirados por caballos recorren su calle principal, todo bajo la atenta mirada del imponente monte Matterhorn. El ambiente amigable que se respira por el día se convierte en festivo al caer la noche, cuando los grupos de amigos se dirigen a los restaurantes o clubes, deteniéndose por el camino en los escaparates de las elegantes *boutiques*.

A la hora de esquiar, la variedad de pistas resulta increíble. Casi la mitad de los picos europeos con más de 4.000 m se encuentra alrededor de Zermatt y todas las cumbres prometen impresionantes vistas. Las suaves pistas pisadas son perfectas para dejarse llevar y admirar el entorno, mientras que el increíble Ski Safari ofrece a los más entusiastas la oportunidad de conectar las pistas del Rothorn, el Gornegrat y el Klein Matterhorn.

Otros meses para ir
Julio-agosto Festivales de gastronomía, música y arte y preciosas rutas de senderismo.

PLANIFICA TU VIAJE Llegada Se puede acceder en tren desde los aeropuertos suizos de Zúrich, Ginebra y Basilea. **Desplazamientos** El pueblo es peatonal y no se permite el acceso a coches. **Tiempo** Días soleados y con nieve. Las cumbres están muy expuestas. **Temperatura media** -3 °C.

Ascenso hasta el inicio del corredor Marinelli, en los Alpes suizos

ANGKOR WAT

Asia Camboya
ANGKOR WAT

POR QUÉ IR *Febrero es un mes con cielos azules y despejados. Pasear o montar en bicicleta por los arbolados senderos que rodean los templos resulta una delicia.*

Al amanecer, el silencio de Angkor Wat queda roto de repente por el agudo canto de las cigarras. Los primeros rayos del sol aparecen tras la oscura silueta del templo, elevándose lentamente sobre sus cinco torres con forma de flor de loto e iluminando la larga calzada de acceso. Es un momento mágico en un lugar místico, testigo desde el siglo XII de cada nuevo amanecer.

Angkor Wat, cuyas torres, galerías, patios y foso se encuentran alineados con el Sol y la Luna, es el mayor monumento religioso del mundo. Sus muros están cubiertos de vívidas esculturas y la luz matinal es perfecta para admirar los bajorrelieves de batallas, que más parecen danzas y escenas de relatos hindúes. Al ascender hacia el templo central, se van encontrando exquisitas *apsaras*, bailarinas celestiales con voluptuosos cuerpos, elaborados tocados y enigmáticas sonrisas.

Tras todo este esplendor, se pueden visitar templos más pequeños como el de Ta Prohm. Al llegar a este santuario, cuyas galerías están invadidas por enormes ceibas que van separando las piedras, se tiene la sensación de haber encontrado una ciudad perdida. Bosque adentro se halla un templo mucho más antiguo, Banteay Srei, pequeña construcción de arenisca roja con tallas del siglo X. Al atardecer, nada como subir a Phnom Bakheng, montaña templo desde la que se aprecia cómo las cinco torres de Angkor Wat van adquiriendo tonos dorados. Los más afortunados consiguen ver los murciélagos que salen de los recovecos para alimentarse, antes de que todo se desvanezca entre las sombras y quede sumido en la oscuridad.

Otros meses para ir
Octubre Al final de la estación húmeda acuden menos visitantes, pero por las tardes pueden caer lluvias torrenciales.

Arriba Amanecer en Angkor Wat, Camboya

Derecha Esculturas en el exterior de la puerta sur; hermosas ruinas del templo Ta Prohm con un árbol ceiba creciendo entre las piedras; monje budista

PLANIFICA TU VIAJE Llegada Hay vuelos a Siem Reap, situado a 6 km de Angkor Wat. **Desplazamientos** Se puede contratar un *tuk-tuk* con guía para desplazarse entre los templos o alquilar una bicicleta para recorrer el lugar al ritmo que se prefiera. **Tiempo** Seco, soleado, tropical y caluroso. **Temperatura media** 27 °C.

Idílica playa de arena
blanca bordeada
de palmeras y con
un suave oleaje,
Parque Nacional de
Mu Ko Ang Thong

PARQUE NACIONAL
DE MU KO ANG THONG

Asia Tailandia

PARQUE NACIONAL DE MU KO ANG THONG

POR QUÉ IR *En febrero las temperaturas son suaves y el mar permanece en calma, lo que convierte cualquier tipo de visita a este hermoso parque nacional en una experiencia inolvidable.*

La primera vez que se contemplan las 42 islas del Parque Nacional de Mu Ko Ang Thong resulta impresionante. Los afloramientos rocosos, cubiertos por una densa vegetación y salpicados de calas y playas de arena, van surgiendo uno a uno en el resplandeciente mar color turquesa. Sus extrañas formas han inspirado nombres curiosos, como isla Cuello, Vaca Dormida o Rinoceronte, lo que les añade cierto atractivo místico.

Las aguas que rodean las islas Hin Nippon y Ko Wao albergan algunas de las mejores zonas del parque para practicar esnórquel –sus enormes corales son espectaculares–. Y en Ko Wua Talab, una isla cubierta de cocoteros, está la playa probablemente más bella de la reserva.

Sin embargo, el principal destino de toda visita a la zona es sin duda la preciosa Ko Mae Ko, donde se puede ascender a pie hasta un mirador sobre el Thale Noi, un recóndito lago de agua salada. Desde aquí se divisa todo el archipiélago y dos islas vecinas más grandes que no forman parte del parque marino, Ko Tao y Ko Pha Ngan. En las cristalinas aguas de Ko Tao habitan algunos de los animales marinos más interesantes de Tailandia, y en las numerosas playas de la isla, protegidas por acantilados calizos, es posible encontrar rincones apartados.

Otros meses para ir

Marzo-mayo La mejor época para avistar tiburones ballena junto a Ko Tao.

PLANIFICA TU VIAJE **Llegada** Se vuela a Bangkok y luego se toma un vuelo nacional a Ko Samui. **Desplazamientos** Hay excursiones en barco que llegan al parque marino o se puede alquilar una embarcación local. Ko Tao y Ko Pha Ngan son accesibles en ferri. **Tiempo** Días cálidos y secos. **Temperatura media** 27 °C.

ZONAS DE INMERSIÓN

El Parque Nacional de Mu Ko Ang Thong, con aguas cristalinas y una abundante vida marina, es ideal para practicar esnórquel y buceo. Hay arrecifes de coral llenos de peces y cuevas poco profundas. Estas son algunas de las mejores zonas para sumergirse bajo las olas.

1 Los hermosos corales de **Ko Wao** sirven de hábitat a peces ángel y rayas de arrecife.

2 Las gorgonias y madréporas convierten **Hin Yippon** en un lugar perfecto para la fotografía submarina.

3 En las cuevas de **Ko Yippon Lek** pueden verse peces payaso y esponjas barril.

4 **Sail Rock** es la zona de inmersión más famosa del golfo de Tailandia. En abril pueden avistarse tiburones ballena.

5 Algunos de los mejores arrecifes de coral del parque están en las aguas de la isla **Ko Sam Sao**.

ISLA NORTE

Oceanía Nueva Zelanda
ISLA NORTE

Derecha La humeante
Piscina del Champán en
Wai-O-Tapu, paraíso termal
cerca de Rotorua, isla Norte

Abajo Helechos, muy abundantes
en Nueva Zelanda; *whakairo
rākau* (talla en madera) maorí

POR QUÉ IR *Febrero coincide con el verano de Nueva Zelanda, cuando suele hacer mejor tiempo, lo que resulta perfecto para visitar la maravillosa isla Norte.*

Imagina un lugar donde todo el mundo viva cerca de senderos arbolados, playas vírgenes, ondulados campos de cultivo y ríos centelleantes. Donde las montañas formen parte de incontables leyendas y las islas circundantes sean paraísos tropicales. Pues la isla Norte, en Nueva Zelanda, ofrece todo esto, además de un clima soleado casi irresistible. La mejor forma de disfrutar en profundidad de estos atractivos es alquilar un coche o una autocaravana.

En el corazón de la isla hay antiguos cráteres con vastos lagos y altos conos volcánicos que recuerdan el turbulento pasado del territorio. En este paraíso geotermal hasta el suelo parece vivo: los géiseres lanzan chorros de agua ardiente y rica en minerales, un inquietante vapor flota por el paisaje y se encuentran calderas de barro que burbujean perezosamente. Todos estos fenómenos naturales están integrados en la antigua cultura maorí, que se mantiene viva en la isla. Aquí la sensación general es de gran amplitud y apertura, tanto en el paisaje como en el carácter de la gente. La isla Norte sorprende y regala escenas inolvidables.

Otros meses para ir
Septiembre Wellington, la capital de Nueva Zelanda, acoge su famoso festival World of WearableArt, donde se presentan espectaculares prendas. Reservar las entradas y el alojamiento con antelación.

PLANIFICA TU VIAJE **Llegada** Los vuelos internacionales suelen llegar a Auckland. **Desplazamientos** Se pueden alquilar coches y autocaravanas en ciudades, localidades grandes y aeropuertos. **Tiempo** En febrero el tiempo es cálido, pero cambiante. **Temperatura media** 24-30 °C.

UGANDA

África
UGANDA

POR QUÉ IR *El manto vegetal de Uganda pierde espesor durante la temporada seca, lo que aumenta las posibilidades de avistar gorilas.*

El ambiente en la densa selva del Parque Nacional Impenetrable de Bwindi, situado en una de las regiones más salvajes del planeta, está tan cargado que casi se puede masticar. Este bosque lluvioso virgen sirve de hábitat a algunos de los últimos grupos de gorilas de montaña de África. Abrirse paso por él es tan difícil como el nombre del parque sugiere, y encontrar un sendero entre la densa y espinosa vegetación –durante una expedición de ensueño para avistar a los esquivos simios– resulta tan inimaginable como inesperado. Bajo cada rama aparecen engañosas sombras mientras se ascienden pendientes laderas y se cruzan ríos.

La selva, a un día de viaje al oeste de Entebbe o Kampala, se compone de árboles de bosque lluvioso, lianas y vegetación muy resistente. Su principal atractivo son los gorilas, pero se pueden encontrar muchos otros animales, como monos de cola roja, chimpancés, elefantes e hilóqueros.

En realidad, lo único que hay que hacer es adentrarse en la arboleda. Solo así se escucha el viento entre tantas hojas y es posible descubrir de repente un lomo plateado.

Otros meses para ir

Septiembre-noviembre Aunque el tiempo suele ser neblinoso y húmedo, esta es la mejor época para observar aves en el bosque.

PLANIFICA TU VIAJE **Llegada** En avión desde Entebbe, el principal aeropuerto de Uganda, hasta la pista de aterrizaje de Kisoro, o por tierra desde Entebbe o Kampala. **Desplazamientos** Lo mejor es visitar la reserva como parte de un recorrido organizado. Los permisos se adquieren con antelación. **Tiempo** Seco y caluroso. **Temperatura media** 24 °C.

MEJORES PARQUES NACIONALES DE UGANDA

1 El **Parque Nacional de la Reina Isabel** alberga una inigualable variedad de fauna, incluidos elefantes, hipopótamos, búfalos y el escaso león trepador.

2 El **Parque Nacional de las Cascadas Murchison**, al noroeste de Uganda, es famoso por los saltos de agua que forma el río Nilo al pasar por una estrecha garganta.

3 El **Parque Nacional del Lago Mburo** es una zona de humedal y sabana que se puede recorrer en todoterreno y barca. Hay cebras, impalas, antílopes, hipopótamos y cocodrilos.

4 El **Parque Nacional Kibale**, cubierto de bosque húmedo perennifolio, es el mejor lugar de Uganda para ver primates, como chimpacés, colobos y monos de cola roja.

5 El **Parque Nacional de los Montes Rwenzori**, o montes de la Luna, abarca una majestuosa cordillera con cumbres nevadas. Aquí está el monte Stanley, el tercer pico más alto de África.

CONSEJO

Si se viaja a Uganda en las temporadas secas (junio-septiembre y diciembre-febrero), es probable encontrar animales de varios tipos reunidos en los abrevaderos.

«Solo así se escucha el viento entre tantas hojas y es posible descubrir de repente un lomo plateado»

En el sentido de las agujas del reloj desde arriba Gorilas de montaña entre la densa arboleda; neblinoso amanecer en el bosque de Bwindi; visitantes buscando gorilas en el dosel vegetal

«*La Antártida es un territorio de incomparable belleza, y uno de los escasos destinos vírgenes que quedan en el mundo*»

ANTÁRTIDA

ANTÁRTIDA

POR QUÉ IR *Las aguas que rodean este prístino paraíso de icebergs y vastas extensiones de hielo polar solo son navegables en verano (noviembre-marzo). Febrero es el mejor momento para avistar ballenas y ver crías de pingüino en sus nidos de piedrecitas.*

La Antártida es un territorio de incomparable belleza, y uno de los escasos destinos vírgenes que quedan en el mundo. Los días de estancia en la zona se dedican a navegar por las frías aguas junto a ballenas jorobadas, orcas y ballenas azules, serpenteando entre gigantescos icebergs sobre los que descansan lobos marinos. Como no hay muelles ni embarcaderos, se usan zódiacs (embarcaciones inflables) cuando llega el momento de poner pie en el continente helado, donde se puede disfrutar de unas increíbles vistas y de la fauna salvaje. Al atardecer, estas mismas barcas se emplean para aproximarse a los icebergs que flotan entre las olas bajo el fantasmal crepúsculo del verano antártico.

Lo mejor son los pingüinos, que se encuentran a miles en la Antártida –incluidas seis especies endémicas del Polo Sur–. Estas aves suelen salir del cascarón en torno a diciembre, por lo que en febrero las zonas de cría están llenas de actividad y polluelos echando las plumas. Hay que mantenerse a cierta distancia de los pingüinos que están en los nidos, aunque muchos parecen no sentirse amenazados y se acercan a investigar, lo que da lugar a inolvidables encuentros.

Otros meses para ir
Diciembre-enero Los pollos de pingüino salen del huevo y nacen las crías de foca. Las temperaturas son las más cálidas del año y hay hasta veinte horas de luz solar.

PLANIFICA TU VIAJE **Llegada** Los cruceros a la Antártida zarpan de Ushuaia, Argentina. Los vuelos a Ushuaia parten de Buenos Aires, Argentina. **Desplazamientos** Los barcos acceden por las bahías glaciares y las zódiacs permiten desembarcar en el hielo. **Tiempo** Unas dieciocho horas de luz solar; lluvias y nevadas escasas. **Temperatura media** 1 °C.

Pingüinos sobre un iceberg con el impresionante océano azul abajo

MIAMI

América del Norte Estados Unidos
MIAMI

POR QUÉ IR *El tiempo seco y soleado de febrero es perfecto para disfrutar de las playas de arena, la arquitectura art déco, el arte contemporáneo y la animada vida nocturna de Miami. El South Beach Food & Wine Festival aporta un toque de distinción.*

Aparte de relajarse en seductoras playas, bailar a la luz de la luna o disfrutar del ambiente de South Beach desde un café de Ocean Drive, se pueden hacer muchas más cosas en Miami, el corazón de Florida. Hay visitas guiadas por los hoteles y edificios de estilo *art déco* y recorridos en kayak por la bahía Vizcaína para admirar las mansiones de los famosos. Se pueden degustar suculentas patas de cangrejo moro y platos floridanos, que combinan sabores latinoamericanos y caribeños, antes de tomarse un cafecito en la calle Ocho de la Pequeña Habana. También están las *boutiques* de Coconut Grove y las galerías de Wynwood y el Design District. Y a todo esto hay que sumar, por supuesto, las playas.

Otros meses para ir
Abril-mayo Las temperaturas empiezan a subir, pero las playas no están abarrotadas. La fiesta del orgullo de Miami es en abril, lo que añade colorido, desfiles y música en directo.

PLANIFICA TU VIAJE **Llegada** El aeropuerto de Miami está unido al centro por Metrobus, Metrorail y Tri-Rail. **Desplazamientos** La mejor opción es alquilar un coche. South Beach y el Downtown se pueden recorrer a pie. **Tiempo** Soleado, cálido y con muy poca lluvia. **Temperatura media** 24 °C.

Passistas de samba actuando en el desfile de Carnaval, Río de Janeiro

América del Sur Brasil
RÍO DE JANEIRO

RÍO DE JANEIRO

POR QUÉ IR *Del viernes anterior al Miércoles de Ceniza al jueves posterior, Río de Janeiro se dedica a disfrutar de la mayor fiesta al aire libre del mundo.*

Río es una gran urbe con un bello emplazamiento entre el Atlántico Sur y las frondosas montañas. Esta ciudad alberga atractivos destinos turísticos, entre los que se incluyen desde antiguas iglesias portuguesas hasta destartaladas favelas que ascienden por las laderas en ángulos imposibles. Puede que su monumento más famoso sea el Cristo Redentor, que se alza con los brazos abiertos sobre el Pan de Azúcar, sin olvidar las playas de Copacabana e Ipanema y el estadio Maracaná, un icono para los aficionados al fútbol.

Pero por encima de todo destaca el Carnaval, que es cuando Río muestra su aspecto más exuberante: plumas y lentejuelas brillando bajo los focos, el retumbar de los tambores y carrozas con enormes altavoces que avanzan junto a miles de bailarines moviéndose al ritmo de la samba. El principal acontecimiento, el desfile de las escuelas del grupo especial, se celebra en el Sambódromo, una estructura de hormigón con capacidad para 90.000 espectadores. Cada escuela de samba compite en las categorías de canción, historia, vestuario, baile y ritmo.

También es posible encontrar fiestas improvisadas de día y de noche, o acabar en una pequeña escuela de samba aprendiendo cómo se combinan bailes y carrozas. Y a todo esto se suman los bailes de Carnaval y los espectáculos en directo. Aunque da igual dónde se termine, porque lo importante es unirse a la fiesta.

Otros meses para ir
Diciembre-enero El Reveillon (Nochevieja) reúne a millones de personas en la playa de Copacabana.

Edificios *art déco* de Ocean Drive, en South Beach, Miami

PLANIFICA TU VIAJE Llegada Del aeropuerto de Rio Galeão parten taxis y autobuses hacia el centro de la ciudad. **Desplazamientos** Se puede recorrer la ciudad a pie, en metro o en taxis con licencia (sobre todo por la noche). **Tiempo** Soleado y húmedo. Alguna tormenta y chubascos. **Temperatura media** 30 °C.

// MARZO

Las grandiosas cumbres
de Nepal envueltas
en nubes al atardecer

BARSANA

Asia India
BARSANA

POR QUÉ IR *Los asistentes a la fiesta hindú de Holi se lanzan polvos de colores para dar la bienvenida a la primavera. Barsana, en el norte de la India, celebra su peculiar Lathmar Holi.*

Durante el Holi, una fiesta que irrumpe en el calendario indio con su explosión de color, la población se lanza a las calles con puñados de *gulal* (polvos coloreados) y total abandono. Nada refleja mejor el espíritu del Holi que los polvos multicolores, que simbolizan el paso del triste invierno a la alegre primavera. El *gulal* se echa en seco sobre la gente o se mezcla con agua para salpicarlo con pistolas de agua y globos. La noche anterior al Holi se encienden grandes *hola* (hogueras) y se queman figuras del demonio Holika como representación del triunfo del bien sobre el mal. El ambiente es jovial, pero es al amanecer del día siguiente cuando se desata la locura.

La fiesta está presidida por el señor Krishna, originario del estado de Uttar Pradesh, lo que añade más fervor a la celebración en el pueblo de Barsana. En esta localidad, el Lathmar Holi sigue una tradición distinta en los días precedentes al Holi principal. Armadas con palos, las mujeres obligan a los hombres a vestirse con prendas femeninas y a bailar mientras las nubes de polvos rojos, anaranjados y amarillos cubren las calles con una niebla multicolor. Es una fiesta típicamente india, cargada de sensualidad, alegría y vitalidad.

Otros meses para ir
Octubre-noviembre En Diwali los espacios públicos se adornan con luces, las casas se iluminan con lamparillas y hay fuegos artificiales.

PLANIFICA TU VIAJE **Llegada** Barsana está a unos 115 km al sureste de Delhi, donde aterrizan la mayoría de vuelos internacionales. **Desplazamientos** Para llegar a Barsana, alquilar un coche en el aeropuerto. **Tiempo** Marzo es soleado y caluroso; por la noche bajan las temperaturas. **Temperatura media** 35 °C.

Derecha Lanzando polvos de colores sobre los asistentes a la fiesta; mujer de Barsana disfrutando del Lathmar Holi

Abajo Multitud charlando sentada durante la colorida fiesta de Barsana

NINGALOO

Oceanía Australia
NINGALOO

POR QUÉ IR *Marzo es ideal para practicar esnórquel, pues coincide la llegada de los tiburones ballena con la reproducción de los corales.*

Las maravillas de Ningaloo se encuentran bajo el mar. Los tiburones ballena acuden en marzo a las cálidas aguas de la costa occidental de Australia para darse un festín de plancton durante la reproducción de los corales, y permanecen en ellas tres meses. A este poderoso pez de 15 m se unen también multitud de mantarrayas, peces payaso y estrellas de mar. Los 260 km del Parque Marino de Ningaloo rebosan de vida y ofrecen increíbles experiencias submarinas. En Navy Pier, una de las mejores zonas de inmersión del mundo, se puede contemplar la variada fauna que habita el fondo marino.

Otros meses para ir
Noviembre Perfecto para ver tortugas anidando, mantarrayas y ballenas jorobadas.

PLANIFICA TU VIAJE **Llegada** Vuelos diarios al aeropuerto de Learmonth desde Exmouth, la localidad más cercana. **Desplazamientos** Lo mejor es un todoterreno. **Tiempo** En Exmouth hace calor todo el año y no hay época de lluvias. **Temperatura media** 20 °C.

Vista aérea de las aguas azules y el paisaje rojizo que rodea el Parque Marino de Ningaloo

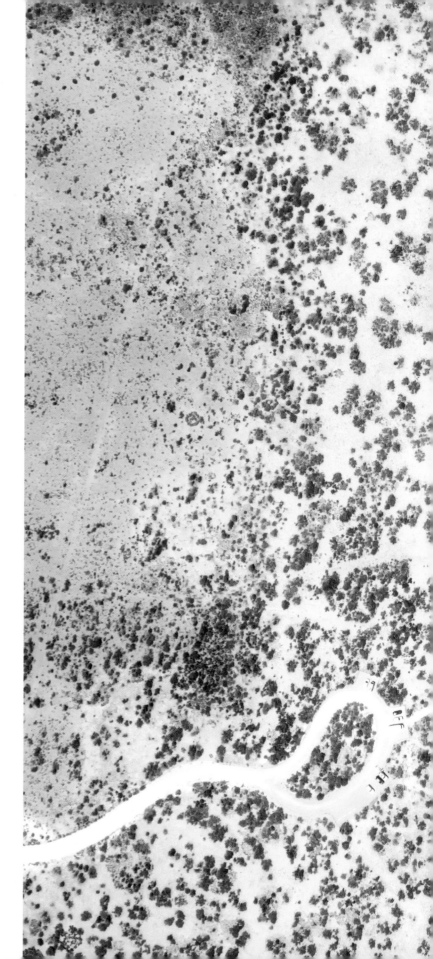

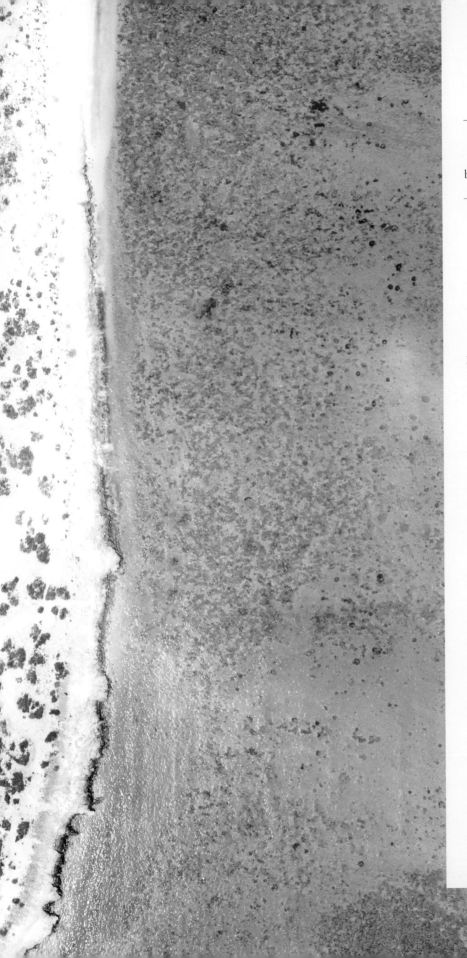

ZONAS DE INMERSIÓN

La abundante fauna del arrecife de Ningaloo lo convierte en un paraíso del buceo. Estas son tres de las mejores zonas.

Bajo las aguas de **Exmouth Navy Pier** espera un impresionante mundo submarino donde habitan meros gigantes *(arriba)* y numerosos peces de arrecife.

En las aguas que rodean las **islas Muiron** se encuentran jardines de coral y cuevas, además de tortugas marinas *(arriba)*.

En **Lighthouse Bay** esperan repisas de roca caliza y formaciones coralinas. Tiburones ballena *(arriba)*, peces pelágicos y peces sapos son algunas de sus especies destacadas.

HIMALAYA

Asia Nepal
HIMALAYA

POR QUÉ IR *La majestuosa cordillera del Himalaya alberga nueve de las cumbres más altas del mundo. En marzo la temperatura es agradable y los rododendros de las laderas están en flor.*

Nepal es la cima del subcontinente indio y la cordillera del Himalaya, cuyos picos nevados se alzan imponentes sobre el país, un destino ineludible en cualquier visita a la zona. Su montaña más destacada es, por supuesto, el Everest, aunque la dura ascensión a su cumbre queda reservada para montañeros entrenados. No obstante, hay muchas otras rutas que ofrecen experiencias igualmente emocionantes. Atravesando los frondosos valles repletos de flores silvestres y visitando por el camino pueblos sherpa se llega a amar este montañoso reino.

Otros meses para ir
Mediados septiembre-noviembre Días soleados y despejados y noches cálidas.

PLANIFICA TU VIAJE Llegada Los vuelos llegan al aeropuerto internacional de Tribhuvan, próximo a Katmandú. Hay que tomar un vuelo de conexión a Lukla, inicio del recorrido. **Desplazamientos** Contratar un guía y asegurarse de tener los permisos necesarios. **Tiempo** Seco y suave; frío a gran altitud y por la noche. **Temperatura media** 11 °C.

Cascada de hielo del Khumbu sobre el campo base del Everest

Esquiando por
las boscosas laderas
de Whistler

WHISTLER

América del Norte Canadá
WHISTLER

POR QUÉ IR *En primavera Whistler ofrece días soleados y mucha nieve polvo, lo que permite disfrutar de todo tipo de deportes de invierno.*

Esta bonita localidad está enclavada en una de las zonas más espectaculares del oeste de Canadá. Los montes Whistler y Blackcomb dominan el paisaje, por el que se reparten más de doscientas pistas de esquí, dieciséis zonas fuera de pista y tres glaciares. Las tranquilas rutas entre fragantes bosques de pinos y cedros atraen a los aficionados al esquí de fondo, y la superficie helada del lago Green resulta perfecta para patinar. A todo esto se suman el heliesquí, los toboganes de nieve y la escalada en hielo, entre muchas otras actividades.

Tras el ejercicio, se puede pasar la tarde en la cosmopolita Whistler, disfrutando del maravilloso paisaje y de una cerveza artesana o un cóctel en alguno de sus numerosos bares.

Otros meses para ir
Diciembre Felicitaciones navideñas, paseos en trineo y un festival anual de cine.

PLANIFICA TU VIAJE Llegada Hay vuelos de conexión a Whistler desde Vancouver. También se puede alquilar un coche. **Desplazamientos** Hay autobuses de enlace gratuitos hasta los remontes. **Tiempo** Nieve y temperaturas suaves, aunque en la montaña hace frío. **Temperatura media** 2 °C.

Arriba Demonios
recorriendo las calles
de la ciudad con
antorchas encendidas

Derecha Monumento
fallero ardiendo bajo
los fuegos artificiales
durante las Fallas

VALENCIA

Europa España
VALENCIA

POR QUÉ IR *El ambiente festivo se adueña de Valencia durante las Fallas, una ruidosa celebración con enormes monumentos falleros y fuegos artificiales.*

Los petardos, acompañados de una enorme humareda, revientan con tal fuerza que hacen temblar el suelo. Las explosiones van aumentando de volumen hasta que, de repente, el estruendo se detiene y la multitud rompe en un espontáneo aplauso. La *mascletà* –un espectáculo pirotécnico diurno– se ha terminado por hoy, y probablemente la de mañana sea más ensordecedora aún. Así son las Fallas, un ruidoso estallido de vistosos fuegos artificiales, explosiones y procesiones en honor a san José, el santo patrón de los carpinteros.

Del 15 al 19 de marzo, más de trescientas enormes esculturas de cartón piedra –las fallas– se reparten por las calles de la ciudad para ser examinadas y evaluadas por su mérito artístico. El ambiente de fiesta generalizado se va convirtiendo poco a poco en una verdadera algarabía, el chocolate caliente y los churros ayudan a recuperar las fuerzas, y los más fiesteros se reúnen en los numerosos bares del bullicioso barrio del Carmen.

La última noche, las fallas se rodean con una traca incendiaria y se prenden. Mientras las llamas consumen vorazmente cada obra de arte, los embelesados espectadores retroceden para evitar el calor y los bomberos remojan con las mangueras los edificios cercanos, lanzando algún que otro chorro de agua al público. Las figuras, que normalmente tardan en fabricarse unos seis meses, desaparecen en minutos en una espectacular apoteosis de fuego.

Otros meses para ir
Julio La Feria de Julio ofrece un mes de cabalgatas, fuegos artificiales y conciertos.

PLANIFICA TU VIAJE **Llegada** Desde el aeropuerto de Valencia se puede llegar al centro de la ciudad en autobús, metro, coche o taxi. **Desplazamientos** Lo mejor es recorrer el centro a pie. **Tiempo** En marzo el tiempo es soleado, aunque por la noche refresca. **Temperatura media** 18 °C.

LO MÁS DESTACADO

Tras un día de fiesta, sumérgete en el rico legado cultural de la ciudad.

Arquitectura gótica El casco histórico de Valencia está repleto de edificios de estilo gótico. Entre ellos destaca la Lonja de la Seda, con sus esbeltas columnas helicoidales y su intrincado techo abovedado *(arriba)*.

Arte urbano El mejor arte urbano de Valencia está en el barrio del Carmen. Merecen mención especial los murales de inspiración *kawaii* de Julieta XLF en la calle de la Beneficencia.

Impresionantes museos Valencia cuenta con magníficos museos. No hay que perderse el Museo Nacional de Cerámica, con una opulenta fachada de alabastro.

Maravillosos mercados Los mercados de Valencia resultan inigualables. En el mercado Central *(abajo)* se venden todo tipo de manjares y los puestos al aire libre de Ruzafa y el Rastro ofrecen tesoros antiguos.

SAN SEBASTIÁN

Europa España
SAN SEBASTIÁN

POR QUÉ IR *San Sebastián (Donostia) es un paraíso culinario y marzo es ideal para degustar la sidra vasca y unirse a los donostiarras en la ruta de los* pintxos.

Los amantes de la buena comida se sienten como en casa en San Sebastián. Esta ciudad costera, uno de los principales destinos culinarios no solo de España sino del mundo, es famosa por sus *pintxos*, su marisco y sus vinos, que atraen a una clientela variopinta a sus bares y restaurantes con estrellas Michelin. Contemplar el golfo de Vizcaya con una copa de *txakoli* (vino espumoso) en la mano es un plan perfecto para pasar la tarde, como lo es el *txikiteo*, un recorrido por los bares de tapas de la parte vieja, donde pueden degustarse platos clásicos como bacalao salado, carrilleras de ternera y anchoas. Estos establecimientos son perfectos para impregnarse del ambiente local, sobre todo a última hora de la tarde, cuando los lugareños llenan las calles empedradas tras acabar la jornada de trabajo. Además, en marzo ha comenzado ya la temporada de la sidra y hay muchos lugares donde disfrutar de esta bebida.

Los aficionados a la playa también adoran San Sebastián. La playa de la Concha, cuyo nombre hace referencia a su forma en arco, se extiende al norte de la ciudad, flanqueada por los montes Urgull e Igueldo, y sus aguas protegidas son ideales para darse un chapuzón.

Atardecer sobre la pintoresca playa de la Concha

Todo viaje a San Sebastián debería incluir una subida en funicular al monte Igueldo, desde cuyo mirador se puede contemplar cómo se oculta el sol en el horizonte.

Otros meses para ir
Agosto La Semana Grande ofrece diversión y fuegos artificiales.
Septiembre Regatas de traineras en la playa de la Concha.

PLANIFICA TU VIAJE **Llegada** El aeropuerto de San Sebastián está al este del centro, adonde se puede llegar en autobús, coche o taxi. **Desplazamientos** San Sebastián dispone de autobuses urbanos y carriles bici; hay puntos de alquiler de coches y bicicletas. **Tiempo** Suave con algo de lluvia. **Temperatura media** 14 °C.

LA RUTA DE LOS 'PINTXOS'

Para muchos, San Sebastián es sinónimo de comida. Los *pintxos,* la versión vasca de las tapas, se toman acompañados de bebidas frías en los animados bares del casco viejo, a menudo como parte de un recorrido por varios locales. Estas son algunas de las opciones más típicas.

---

1 La gilda, una sencilla banderilla con aceitunas, guindilla y anchoa, es el *pintxo* más famoso de todos. Merece la pena probarlo.

2 Las rabas negras son una variante de los clásicos calamares a la romana. Las anillas de calamar se fríen y luego se cocinan en tinta.

3 El bacalao, uno de los productos favoritos del vecino Portugal, también es muy apreciado aquí; se suele tomar en brochetas o frito.

4 La *txuleta,* que los vascos asan a la perfección, es carne de ternera madura alimentada con pasto. Lo mejor es acompañarla con un vino tinto.

5 El queso Idiazábal se elabora con leche de oveja. Se suele servir sobre pequeñas rebanadas de pan con membrillo y jamón ibérico *(abajo).*

CHICAGO

América del Norte Estados Unidos
CHICAGO

POR QUÉ IR *El fin de semana anterior al 17 de marzo, Chicago se llena de gente que acude a ver los desfiles y el río teñido de verde durante la mayor fiesta de san Patricio fuera de Irlanda.*

Cientos de banderas de color verde, blanco y naranja ondeando al viento; grupos de baile irlandés marcando el ritmo sobre el asfalto con rapidísimos movimientos de pies; el sonido de las gaitas mezclado con los gritos de los niños; y un río teñido de verde.

Ha llegado marzo a la Ciudad del Viento y, durante un fin de semana a mediados de mes, Chicago se transforma en el paraíso del *craic* (diversión). Casi un millón de residentes recuerdan con orgullo su ascendencia irlandesa gracias a los inmigrantes que llegaron a la ciudad desde Irlanda a mediados del siglo XIX. Esto explica el fervor con el que se celebra el día de San Patricio en esta ciudad, la única de Estados Unidos que tiñe un río de verde en honor al santo patrón de Irlanda. Chicago acoge dos grandes desfiles el sábado y el domingo anteriores a la fiesta oficial, lo que atrae a cientos de miles de irlandeses –o irlandeses por un día–.

El del sábado es más familiar y el del domingo, en el barrio de Beverly, tiene un carácter más local –el ambiente cada vez más ruidoso de los pubs puede ofrecer un espectáculo más interesante que el de las carrozas y las bandas marchando–.

De hecho, los desfiles son solo parte del programa. El viernes por la mañana ya se pueden encontrar clientes haciendo cola a las puertas de los bares irlandeses de la ciudad, que se abarrotan de bebedores de Guinness. Al término del primer desfile es cuando empieza la verdadera fiesta: los espectadores se dirigen a los bares, comienzan a tocar los violinistas y el ambiente de desenfreno alcanza su punto álgido.

Otros meses para ir
Junio Este mes se celebran el Chicago Blues Festival y el Chicago Pride Fest, y el tiempo ya es veraniego.

PLANIFICA TU VIAJE **Llegada** La mayoría de vuelos internacionales aterriza en el aeropuerto internacional O'Hare. **Desplazamientos** El metro elevado de Chicago es la mejor opción para moverse por la ciudad, sobre todo durante las celebraciones de san Patricio. **Tiempo** El cielo suele estar cubierto, llueve y puede nevar. **Temperatura media** 8 °C.

El río Chicago, teñido en honor a san Patricio, entre los emblemáticos rascacielos de la ciudad

FOTOGÉNICA

El colorido y la luz de Marrakech son el sueño de todo fotógrafo. Estos son algunos de sus mejores escenarios.

1

Al atardecer, se puede capturar el frenético ambiente del mercado nocturno de **Djemaa-el-Fna** desde alguno de los cafés que rodean la plaza.

2

La tranquila **madrasa de Ben Youssef** permite alejarse del frenesí de la medina. Madrugar para evitar las multitudes.

3

Para disfrutar de una explosión de color, visitar el **jardín Majorelle**, cuya vegetación contrasta con el entorno azul.

La mezquita de Kutubía se alza sobre el mercado de la plaza Djemaa-el-Fna

MARRAKECH

África Marruecos
MARRAKECH

POR QUÉ IR *El mejor mes para descubrir los tesoros ocultos tras los muros rosados de la medina de Marrakech es marzo, cuando las temperaturas son frescas y hay menos gente.*

La espectacular Djemaa-el-Fna, la plaza principal de Marrakech, es el corazón de la ciudad, invadido día y noche por encantadores de serpientes, cuentacuentos, acróbatas y músicos que atraen a una fascinada multitud. Por la noche, la plaza se transforma en un enorme restaurante al aire libre con cientos de puestos que venden platos tradicionales, incluidas carnes a la brasa, *harira* (una sopa espesa de lentejas y garbanzos) o –para quienes deseen probar algo realmente marroquí– cabezas de oveja cocidas. No hay nada como acomodarse en alguno de los numerosos bancos que rodean la plaza y disfrutar del chisporroteante y humeante ajetreo.

Pero esta antigua y romántica ciudad comercial tiene mucho más que ofrecer. Merece la pena visitar los zocos al norte de la plaza, una zona con docenas de callejuelas repletas de diminutas tiendas. La deliciosa combinación de aromas anima a internarse más y más en este laberinto con puestos abarrotados de manojos de menta fresca, botes de aceitunas aliñadas con limón y ajo, montañas de deliciosos dátiles *medjool* y pirámides de especias. Aquí también se encuentran piezas de marroquinería, objetos de metal, lámparas, alfombras y joyas. Cada parte está especializada en un producto, por lo que en una calle puede haber babuchas de cuero y en la siguiente, piezas de cerámica vidriada. Tanto si se desea comprar algo como si no, la experiencia resulta fascinante.

Otros meses para ir
Abril-mayo Al atardecer, los lugareños rompen el ayuno de ramadán en Djemaa-el-Fna.
Septiembre-noviembre Las temperaturas más frescas son ideales para visitar la ciudad.

PLANIFICA TU VIAJE **Llegada** Los vuelos aterrizan en el aeropuerto internacional de Menara. Se puede llegar a la ciudad en taxi (fijar el precio primero) o en el autobús n.º 19. **Desplazamientos** Lo mejor es moverse a pie o en bicicleta; los taxis son útiles cuando hace mucho calor. **Tiempo** En marzo las temperaturas empiezan a subir, aunque por la noche refresca. **Temperatura media** 23 °C.

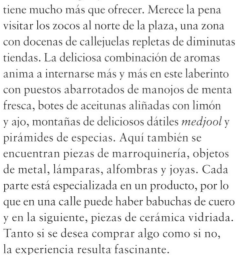

Muros rosados de la antigua medina de Marrakech

YUCATÁN

América Central México
YUCATÁN

POR QUÉ IR *El descenso de Kukulcán por la escalera norte de la espectacular pirámide maya del Castillo puede contemplarse entre mediados de febrero y abril, pero el mejor momento es en el equinoccio de primavera, del 20 al 21 de marzo.*

Las personas que acuden a contemplar este espectáculo se sientan unas junto a otras, fascinadas. El sol dibuja la cola de la enorme serpiente labrada en la escalera norte del Castillo, la pirámide central de la ciudad maya de Chichén Itzá, y a medida que avanza el día, la sombra de los escalones va formando un zigzag en el lateral de la escalera que da vida a la serpiente. Este fenómeno –el descenso de Kukulcán– se produce cada equinoccio de primavera. El Castillo, alineado con el Sol y las estrellas, se construyó en torno a 800 d. C. Tiene 365 escalones en sus cuatro caras, uno por cada día del año, lo que lo convierte en un gran reloj.

Otros meses para ir

Noviembre El tiempo es seco y cálido, sin resultar sofocante,
y los turistas no han invadido aún los monumentos mayas.

PLANIFICA TU VIAJE **Llegada** El aeropuerto de Cancún recibe
la mayoría de vuelos internacionales y el de Mérida, los nacionales.
Desplazamientos Los autobuses de primera clase son una buena opción,
pero un coche ofrece más libertad. **Tiempo** Tropical y caluroso,
aunque por la noche refresca. **Temperatura media** 31 °C.

El impresionante
Castillo, en el centro
de la ciudad maya
de Chichén Itzá

ANTIGUA

América Central Guatemala
ANTIGUA

POR QUÉ IR *La Semana Santa es un momento ideal para visitar Antigua y disfrutar de sus fiestas. El aire se llena de aromas y las calles se decoran con meticulosos mosaicos de serrín.*

Los alegres compases de la salsa y la marimba; el rítmico palmeo de unas manos formando tortillas; las voces de las mujeres mayas animando a los visitantes a comprar los coloridos *huipiles* que convierten puestos y patios en un alegre caleidoscopio: así es Antigua, capital de la Guatemala colonial y una de las ciudades más bellas de Latinoamérica.

En primavera, la ciudad adquiere una dimensión completamente nueva al llegar la Semana Santa, una de las fiestas más solemnes del calendario cristiano, durante la cual el habitual ajetreo se atenúa. Los guatemaltecos, en su mayoría católicos, decoran las calles con intrincados mosaicos de flores y serrín de colores. Sobre estas efímeras alfombras, los cofrades cargan pesadas imágenes de Cristo en penitencia por los pecados cometidos durante el año. Esta bella y conmovedora escena es una sencilla muestra de fe impregnada de dolor con la que los participantes recuerdan

la Vía Dolorosa –el camino de lágrimas de Cristo hasta el Calvario– y buscan un nuevo comienzo en Semana Santa.

Pero Guatemala posee muchos otros atractivos. En el extremo opuesto del país existe una región de selva y pantanos que se extiende entre México y Belice. Del frondoso dosel vegetal surgen unos templos sobre pirámides mayas que han desconcertado a los arqueólogos desde que sus piedras fueron liberadas de la vegetación que las cubría. Tikal, antaño una próspera ciudad, quedó abandonada hace un milenio y destaca por su inquietante desolación. Se puede reflexionar sobre sus misterios mientras se pasea por los serpenteantes senderos y se escuchan los chillidos de las aves tropicales y los monos aulladores entre las ramas.

Otros meses para ir

Diciembre A mediados de mes se celebra la danza del Palo Volador durante la fiesta de santo Tomás.

Derecha Avanzando junto a los mosaicos de serrín de colores en el Viernes Santo

Abajo Niño balanceando un incensario delante de un paso de Semana Santa

PLANIFICA TU VIAJE Llegada Antigua está a 26 km de Ciudad de Guatemala, a cuyo aeropuerto de La Aurora llegan los vuelos internacionales. Hay autobuses y taxis a Antigua. **Desplazamientos** Para visitar Tikal, se vuela de Ciudad de Guatemala a Flores. Los viajes organizados suelen incluir conexiones, o se pueden organizar a la llegada. **Tiempo** Es temporada seca en Guatemala. **Temperatura media** 22 °C.

// ABRIL

El pintoresco pueblo
de Positano encaramado
a una ladera de la
costa Amalfitana

BERGEN

Europa Noruega
LOS FIORDOS

POR QUÉ IR *En primavera la ruta en crucero de Bergen a Kirkenes permite disfrutar de dos estaciones meteorológicas: Kirkenes se encuentra en el norte ártico.*

El impresionante litoral de Noruega es una de las maravillas naturales del mundo. A orillas de los límpidos fiordos, se alzan boscosas montañas con cumbres nevadas y cascadas que caen hacia profundos canales de agua helada. El paisaje aparece salpicado de casas de madera en tonos mostaza y canela, hay barcos de pesca en bonitos muelles, y en las ciudades la historia antigua se mezcla con el bullicio de la vida del siglo XXI.

Todos los días del año, un barco de Hurtigruten zarpa de Bergen y pone rumbo norte hacia Kirkenes, muy por encima del Círculo Polar Ártico. Durante esta travesía de 12 días se realizan 34 escalas en lugares como las abruptas islas Lofoten, la ciudad ártica de Tromsø y Honningsvåg, sede del fascinante Museo de Cabo Norte. Se puede subir y bajar del barco en el puerto que se desee, lo que permite visitar ciudades, recorrer el paisaje glaciar, ascender picos y descubrir el modo de vida de los samis. Es un viaje de descubrimiento realmente único.

Otros meses para ir
Mayo La tranquila Bergen se anima con el Festival Internacional de Bergen, que incluye música, *ballet*, teatro, danza y artes escénicas.

PLANIFICA TU VIAJE **Llegada** Los cruceros zarpan de Bergen, donde está el aeropuerto de Bergen-Flesland. **Desplazamientos** El tren ligero de Bergen une el aeropuerto con la ciudad. **Tiempo** Sol, lluvia y nieve por encima del Círculo Polar Ártico. **Temperatura media** 6 °C.

En el sentido de las agujas del reloj desde arriba a la izquierda Bandera noruega ondeando al viento ártico; frailecillo sobre una roca en Runde; pintoresca localidad de Hamnøy en el archipiélago de Lofoten

Asia Jordania
PETRA

POR QUÉ IR *Las fachadas labradas en la roca de Petra lucen los mismos patrones de color que las laderas circundantes y ofrecen un aspecto casi sobrenatural. Abril es ideal para visitar esta ciudad rosa, ya que las temperaturas son frescas y hay flores.*

La antigua ciudad nabatea de Petra supera todas las expectativas –describirla como espectacular sería poco–. Este maravilloso yacimiento antiguo es sin duda uno de los más evocadores del mundo.

Tras dejar atrás un desolado paisaje rocoso, se entra por un estrecho cañón conocido como el Siq, encajado entre paredes verticales de roca y tan angosto en algunos tramos que apenas se ve el cielo. Este es el acceso secreto a una ciudad que permaneció oculta al mundo exterior durante más de medio milenio. A medida que se avanza por el Siq va creciendo la emoción, hasta que se toma una última curva y se aparece frente a la famosa fachada rosa del Tesoro, cincelada en la pared de roca. A la derecha, el cañón se ensancha y en sus paredes con vetas brillantes surgen fachadas con columnas, frontones y puertas ornamentadas. Algo más adelante se encuentra un teatro excavado en la ladera y luego una calle principal con el suelo de tierra apisonada. Si esto fuera todo, resultaría bastante asombroso, pero es que hay más. Desde aquí se asciende por escaleras y pasillos de roca hasta otras tumbas y monumentos, las ruinas de un castillo cruzado y el magnífico altar de los Sacrificios, que ofrece magníficas vistas de las montañas y el desierto. Petra es mucho más que un yacimiento arqueológico, es un impresionante viaje al pasado.

Otros meses para ir

Octubre Días frescos, noches frías y colores otoñales junto a los riachuelos de Petra.

PLANIFICA TU VIAJE **Llegada** El aeropuerto internacional Reina Alia se encuentra en Ammán, la capital de Jordania. Hay autobuses regulares entre Ammán y Petra. **Desplazamientos** El yacimiento se puede recorrer a pie o en coche de caballos. **Tiempo** Suave y agradable. **Temperatura media** 22 °C.

DE VISITA OBLIGADA

Esta ciudad nabatea alberga una impresionante colección de monumentos. Estos son algunos de los principales.

La fachada con columnas del **Tesoro**, labrada sobre la pared de roca rosada en el siglo I a. C., es sin duda uno de los monumentos más increíbles de Oriente Próximo.

Tras el Tesoro, el monumento más impresionante es el **Monasterio**. El sendero que conduce hasta él está tallado en la montaña.

El **altar de los Sacrificios**, situado en la cima de una montaña y flanqueado por dos obeliscos, es el lugar de culto mejor conservado de Petra.

La
impresionante
fachada
del Tesoro
iluminada
con velas

«Bajo la luz dorada que baña Samarcanda todo resplandece, desde los mosaicos de las tumbas hasta los azulejos de las cúpulas»

Izquierda Mosaicos del opulento Registán en Samarcanda

Arriba Ornamentado techo de la necrópolis de Shah-i-Zinda en Samarcanda; hombre uzbeko

SAMARCANDA

Asia Uzbekistán

SAMARCANDA

POR QUÉ IR *Samarcanda, la ciudad de las mezquitas, mauselos y madrasas con azulejos azules, es una joya de la Ruta de la Seda. Abril es el mes perfecto para visitarla, antes de que lleguen el extremo calor del verano y las tormentas de arena.*

Bajo la luz dorada que baña la ciudad de Samarcanda, uno de los asentamientos más atractivos en la antigua Ruta de la Seda, todo resplandece, desde los mosaicos de las tumbas y los azulejos color lapislázuli de las cúpulas hasta los hilos de oro y plata entretejidos en las telas, alfombras y pañuelos del bazar central. Este mercado huele a especias y a los *shashlik* (*kebabs* de cordero) que chisporrotean sobre brasas calientes.

Un destino ineludible es el Registán, una enorme plaza rodeada por tres madrasas (escuelas religiosas) de los siglos XV a XVII, cuya visita no decepciona. La escala y belleza de estos edificios, con delicados e intrincados diseños florales, caligráficos

y geométricos en deslumbrantes azules, verdes y dorados, resultan impresionantes. Más allá de los imponentes minaretes, coloridos bazares y tranquilos jardines islámicos, se descubre otra cara de la ciudad: frescos de estilo soviético con escenas de la revolución Rusa, desconchados monumentos brutalistas que rinden homenaje a la ciencia y el progreso y vodka –vestigios del pasado soviético de Uzbekistán–.

Samarcanda es también una excelente base desde la que recorrer la zona. Se puede tomar té verde con los lugareños en la cercana Bukhara, viajar hacia el oeste por la Ruta de la Seda hasta Khiva, última parada antes del desierto,

o seguir hacia el sur para caminar por los pintorescos montes Aman Kutan.

Otros meses para ir

Octubre La temperatura es agradable y la luz otoñal ilumina los azulejos vidriados de los edificios de la ciudad.

PLANIFICA TU VIAJE

Llegada Los vuelos internacionales aterrizan en el aeropuerto internacional de Samarcanda. Hay trenes de alta velocidad desde la capital, Tashkent. **Desplazamientos** Los autobuses son más baratos y frecuentes que los trenes. **Tiempo** Sol y poca lluvia. **Temperatura media** 22 °C.

BOLLENSTREEK

Europa Países Bajos
BOLLENSTREEK

POR QUÉ IR *A finales de primavera se puede disfrutar del mayor espectáculo floral del mundo en el Bollenstreek, el jardín del Edén de los Países Bajos.*

En cuanto se llega al Bollenstreek, una zona de cultivo de bulbos famosa por sus vastos campos de tulipanes, fresias, jacintos y narcisos, se entiende por qué los Países Bajos son el mayor exportador de flores del mundo. La temporada de floración comienza en enero y culmina a finales de la primavera con la llegada de los lirios tardíos y los millones de tulipanes que cubren los campos con un arcoíris de colores –y acaparan toda la atención–.

La mayoría de los recorridos por los campos de tulipanes de la zona parten de la carismática ciudad de Haarlem, el extremo más septentrional del imperio floral holandés. Desde aquí, el Bollenstreek se extiende 40 km hacia el sur, lo que ofrece multitud de posibilidades para disfrutar de los perfumes y el espectáculo de la primavera. Para muchos, el principal destino de la región es el Keukenhof, el famoso jardín floral de Lisse, inaugurado en 1949 y con unos 17 km de senderos rodeados de flores.

Otros meses para ir
Febrero-marzo Brotan los crocos y las campanillas de invierno, lo que anuncia el final del invierno.

PLANIFICA TU VIAJE **Llegada** Haarlem cuenta con el aeropuerto de Schiphol. Hay trenes regulares desde Ámsterdam. **Desplazamientos** Se puede alquilar un coche o una bicicleta para recorrer los campos; todo está señalizado. **Tiempo** Normalmente soleado y con algún chubasco. **Temperatura media** 13 °C.

Izquierda Hileras de tulipanes en flor en el Bollenstreek

Abajo La atractiva ciudad de Haarlem, punto de partida de las excursiones por el Bollenstreek

KIOTO

Asia Japón
KIOTO

POR QUÉ IR *Kioto se anima en primavera, cuando los cerezos en flor crean un mágico telón de fondo en la ciudad. No hay que perderse la costumbre del* hanami *o contemplación de las flores.*

La antigua Kioto, una ciudad donde la elegancia y la filosofía impregnan todos los aspectos de la vida, es el yin de la moderna Tokio (el yang). Kioto, sede de diecisiete monumentos Patrimonio de la Humanidad por la Unesco –trece templos budistas, tres santuarios sintoístas y el romántico castillo Nijo–, es sin duda el bastión del rico legado cultural del país.

En Japón la primavera se aguarda con gran expectación, e incluso se informa desde la agencia meteorológica sobre el denominado frente de floración del cerezo, lo que permite seguir la temporada del *sakura* (cerezo en flor). En Kioto los parques, templos y espacios públicos se llenan de delicadas flores blancas y rosas y se organizan actos culturales relacionados con el *hanami*. Este es el momento perfecto para unirse a quienes pasean por el camino del Filósofo, un agradable sendero junto a un canal bordeado de cerezos que serpentea por el barrio Higashiyama de Kioto entre el templo Kiyomizu-dera y Ginkaku-ji (el pabellón de Plata).

Además de por las flores, Kioto es famosa por su relación con las *geishas* (o *geiko*, en el dialecto local), mujeres versadas en las artes que residen en los *hanamachi* o ciudades de las flores. Las *geishas* realizan danzas especiales de primavera durante el mes de abril, como la famosa Miyako Odori o danza de la capital, llamada así porque Kioto fue capital del Japón imperial. Las admiradas *geishas* y *maikos* (aprendizas) de Gion Kobu cautivan con su elegancia y maestría.

Otros meses para ir
Noviembre Para disfrutar del otoño en la época del *koyo* (contemplación de las hojas).

PLANIFICA TU VIAJE **Llegada** Kioto cuenta con el aeropuerto internacional de Kansai y se encuentra a unas 2,5 horas de Tokio en tren bala. **Desplazamientos** La ciudad dispone de una pequeña red de metro y de autobuses. **Tiempo** Soleado y suave. **Temperatura media** 20 °C.

Derecha Tela tradicional para kimonos; el impresionante Fushimi Inari Taisha a los pies del monte Inari

Abajo Atardecer en el templo Kiyomizu-dera en la temporada del *sakura*

CATARATAS DEL IGUAZÚ

América del Sur Brasil
CATARATAS DEL IGUAZÚ

POR QUÉ IR *Las cataratas del Iguazú, una estruendosa demostración del poder de la naturaleza, ofrecen su mejor aspecto en abril, tras las lluvias estivales.*

Ninguna cascada del mundo iguala la combinación de altura, corriente y entorno boscoso de las cataratas del Iguazú. Se encuentran en la frontera entre el sur de Brasil y el norte de Argentina, donde el curso del poderoso pero pausado río Iguazú se divide y cae por un abismo de 3 km de ancho, precipitándose hacia las turbulentas aguas de la cavernosa garganta inferior con un estruendo ensordecedor. En la bruma que se concentra sobre el agua espumosa se forman cientos de perfectos arcoíris.

Se puede disfrutar del espectáculo llegando en barco hasta la base de la cascada o recorriendo a pie los miradores panorámicos y las plataformas más cercanas, donde las salpicaduras de las cataratas te empapan en segundos.

Otros meses para ir
Agosto-septiembre Baja el nivel del agua y surgen formaciones rocosas ocultas tras la cascada.

PLANIFICA TU VIAJE **Llegada** La ciudad más cercana, Foz do Iguaçu, está a dos horas en avión de Río de Janeiro y São Paulo. **Desplazamientos** Los visitantes se mueven en autobuses, taxis y minibuses turísticos. **Tiempo** Despejado y seco. **Temperatura media** 18 °C.

Bruma sobre las turbulentas aguas en la base de las cataratas del Iguazú

La emblemática
mezquita Azul
de Estambul es
una de las más
bellas de Turquía

Estambul es una ciudad muy animada. De mayo a septiembre se encuentran interesantes festivales de todo tipo, sin embargo la programación de abril ofrece un ambiente mucho más local.

Festival del Tulipán La flor nacional de Turquía es el tulipán *(arriba)*. Cada abril, millones de bulbos florecen por toda la ciudad. Las carreteras se llenan de colorido, pero lo mejor es acudir a parques como Emirgan y Gülhane.

Sokak Festivali Este festival de tres días incluye música en directo, espectáculos, deporte y puestos de comida. Se combinan actuaciones de los músicos más populares de la ciudad con géneros de lo más diversos (ritmos balcánicos, *funk, soul, reggae* o música electrónica).

Festival Internacional de Cine de Estambul Los cinéfilos visitan Estambul a principios de abril. Desde su inauguración en 1982, este festival *(abajo)* ha presentado más de 3.000 películas de 76 países. La mayoría se proyecta en cines alrededor de İstiklal Caddesi.

ESTAMBUL

Asia/Europa Turquía
ESTAMBUL

POR QUÉ IR *En primavera Estambul se llena de nueva energía. El mejor mes para visitar esta cosmopolita ciudad es abril, antes de que llegue el turismo en masa y el calor del verano.*

La ciudad de Estambul, con un bello horizonte salpicado de minaretes y cúpulas bulbosas, alberga magníficos palacios en los que se guardan tesoros fruto de las conquistas. Su pasado como puesto comercial resulta evidente en el Gran Bazar, por cuyos pasajes cubiertos y llamativos puestos se puede deambular durante horas.

A un breve paseo colina abajo se encuentran las aguas del Cuerno de Oro, atravesadas por el puente Gálata, que une la parte vieja de la ciudad con la parte nueva. İstiklal Caddesi, la calle mayor de Estambul, y las callejuelas circundantes albergan multitud de *boutiques,* cafés, restaurantes, bares y clubes. En esta zona se puede degustar la cremosa *tarama* y la mejor cocina de la ciudad, además de mejillones rellenos de arroz y especias, kebabs y,

por supuesto, todo tipo de *meze.* Como antigua capital de dos poderosos imperios –el bizantino y el otomano–, Estambul posee una rica historia y una arquitectura acorde. Durante siglos, los sucesivos emperadores y sultanes fueron desarrollando la colina que alberga el actual barrio de Sultanahmet –su magnífica muralla protegió palacios ya desaparecidos y algunas de las primeras construcciones cristianas del mundo–. Entre sus numerosos tesoros arqueológicos se incluyen el hermoso palacio Topkapı, la mezquita Azul y los restos de un gran hipódromo donde se celebraban carreras de cuadrigas.

Otros meses para ir
Octubre Los parques y jardines de Estambul se tiñen de colores otoñales.

PLANIFICA TU VIAJE Llegada La ciudad cuenta con los aeropuertos internacionales de Estambul y Sabiha Gökçen, desde donde se puede llegar en autobús hasta la plaza Taksim. **Desplazamientos** La mayoría de los monumentos son accesibles a pie, aunque también hay tranvías, metro y taxis. **Tiempo** Cielos despejados y temperaturas suaves. **Temperatura media** 16 °C.

La mezquita de Süleymaniye
por encima del bullicioso
puerto de Estambul

América del Sur Ecuador

ISLAS
GALÁPAGOS

POR QUÉ IR *Las Galápagos ofrecen la oportunidad de contemplar una increíble fauna salvaje. En abril la temperatura del aire y del mar es perfecta para darse un chapuzón.*

Este archipiélago volcánico sirve de hábitat a multitud de animales exóticos. Las islas, únicas debido a su aislamiento, fueron declaradas parque nacional en 1959 y las visitas están reguladas para proteger la fauna autóctona. En cada embarcación viaja un guía oficial que vigila el cumplimiento de las normas del parque e informa a los turistas sobre la ecología del lugar.

Durante las travesías se ven mantarrayas deslizándose bajo los barcos y delfines mulares saltando junto a ellos. También se puede bucear entre estos animales, los tiburones martillo de la isla Bartolomé y los leones marinos de la isla de San Cristóbal, o hacer esnórquel con los pingüinos en Fernandina. Y en las orillas es posible encontrar galápagos arrastrando sus 275 kg de peso por la playa. Por todos los rincones de este paraíso para la fauna se divisan animales bullendo, corriendo o sumergiéndose en el agua.

Otros meses para ir
Junio-agosto Los alcatraces patiazules realizan sus curiosos rituales de cortejo.

PLANIFICA TU VIAJE **Llegada** Los vuelos internacionales aterrizan en Quito y Guayaquil, Ecuador. Desde aquí, se toma un vuelo a Santa Cruz. **Desplazamientos** Excursiones organizadas en pequeños barcos y barcas de alquiler. **Tiempo** Agradablemente cálido y con algo de lluvia **Temperatura media** 27 °C.

Leones marinos jugando en una cala junto a la isla de San Cristóbal

Asia Malasia

ISLAS PERHENTIAN

POR QUÉ IR *Estas islas de clima cálido e impresionante paisaje son perfectas para unas vacaciones de primavera.*

Bienvenido a un paraíso de bosques húmedos y arrecifes de coral, dos hábitats naturales muy diversos. El archipiélago de las Perhentian, situado en el mar del Sur de China, está formado por dos islas grandes, Perhentian Besar y Perhentian Kecil, y varias más pequeñas alrededor. Sus frondosos bosques están protegidos por interminables playas de arena con palmeras.

Aquí es posible pasar horas contemplando cómo anidan las tortugas, bucear sobre corales y llamativos peces, disfrutar de fiestas en las playas de arena hasta el amanecer o descansar en una hamaca. Estas islas lo tienen todo y en ellas se llega a olvidar, al menos por un tiempo, la vida que se dejó fuera.

Otros meses para ir
Mayo-julio Temporada alta de la anidación de tortugas en las islas.

PLANIFICA TU VIAJE **Llegada** El aeropuerto internacional más cercano es el de Kuala Lumpur. Volar luego a Kota Bharu o Kuala Terengganu y tomar un autobús a Kuala Besut, de donde zarpan barcos a las Perhentian. **Desplazamientos** Los taxis acuáticos viajan de isla en isla. **Tiempo** Normalmente soleado. **Temperatura media** 31 °C.

Barcas meciéndose en las cristalinas aguas de una de las preciosas islas Perhentian

ATENAS

Europa Grecia
ATENAS

POR QUÉ IR *Las ruinas antiguas y los edificios modernos conviven unos junto a otros en Atenas, una ciudad dinámica y diversa. En esta época del año, los griegos celebran la Semana Santa con gran fervor.*

A la capital de Grecia no le faltan atractivos. El casco histórico es un museo al aire libre donde las ruinas e iglesias bizantinas se alzan junto a edificios de oficinas y apartamentos. En lo alto de la Acrópolis se encuentra el majestuoso Partenón, símbolo de la ciudad. Esta gigantesca construcción vigila los templos del Ágora antigua, el teatro de Dioniso y el santuario de Zeus, y a la población que recorre las calles empedradas igual que hace miles de años. Aunque hoy la vista incluye también arte urbano, librerías y cafés en cada esquina.

Si se visita Atenas durante la Pascua *(Pascha)*, el premio es doble. La celebración comienza el lunes anterior a la Semana Santa con un estricto ayuno y el tradicional encalado anual de las casas. El Viernes Santo las campanas de las iglesias se lamentan todo el día y en torno a las 20.00 comienzan las procesiones con velas que recorren lentamente las calles. El sábado a medianoche los atenienses se reúnen junto a las iglesias y contemplan los fuegos artificiales. La fiesta culmina el domingo de Resurrección con música en las calles y el aire impregnado del aroma del cordero asado en espetones.

Otros meses para ir
Agosto Los yacimientos abren durante la Luna llena. **Septiembre** El Maratón Clásico de Atenas sigue el recorrido original del mito griego.

PLANIFICA TU VIAJE **Llegada** El aeropuerto internacional de Atenas está a unos 45 min en taxi del centro. Hay además una línea de metro que llega a la ciudad en 40 min. **Desplazamientos** Los monumentos están unos cerca de otros y se pueden recorrer a pie, aunque también hay autobuses y metro. **Tiempo** Soleado y agradable. **Temperatura media** 20 °C.

Arriba El Partenón en lo alto de la Acrópolis, dominando la ciudad

Derecha *Simit* recién horneados; las desconchadas columnas del Partenón; *Cree en los sueños* de Wild Drawing

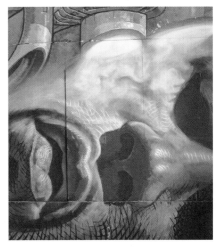

Contemplando
el pintoresco
Positano desde una
terraza situada en
el acantilado

SABORES LOCALES

Italia es una tierra de manjares y en la costa Amalfitana tienen los mejores limones y mariscos del país.

1

Las *delizie al limone*, o delicias de limón, son unas cúpulas de bizcocho rellenas de crema de limón y cubiertas con un glaseado ácido.

2

El **marisco fresco** se utiliza en la preparación de varios platos, como el *polipetti affogati* –pulpo *ahogado* en tomate y vino–.

3

El *limoncello* es un licor de limón que conviene tomar en un vaso helado y con vistas al mar. El remate perfecto a un día en la carretera.

COSTA AMALFITANA

Europa Italia
COSTA AMALFITANA

POR QUÉ IR *El mejor mes para disfrutar de la costa Amalfitana es abril, cuando los pueblos se desperezan del letargo y el aroma cítrico de los limoneros en flor impregna el aire.*

El paisaje se va desplegando poco a poco ante la mirada: los impresionantes acantilados junto al mar, el azul del agua hasta el horizonte y los pueblos encaramados a escarpadas laderas. Tras dejar atrás Nápoles y las ruinas de Pompeya y Herculano, es cuando el viaje empieza realmente, serpenteando por la península de Sorrento, un promontorio de agreste belleza. Sorrento, la puerta de acceso a la costa Amalfitana, se encuentra entre terrazas de limoneros que, en abril, están cargados de frutos. A continuación, la carretera atraviesa el extremo de la península y asciende por su base y por varias calas de arena que indican la llegada a Positano. Este es el destino predilecto de la costa Amalfitana: sus edificios color melocotón, crema y rojo albergan *boutiques* y restaurantes y descienden en cascada hasta la bahía en forma de media luna. Desde Positano, la carretera sube dibujando curvas hasta el encalado Praiano y el panorámico Amalfi. El último tramo de la carretera, entre Amalfi y Salerno, es el que alberga el paisaje más espectacular. Se va pasando junto a impresionantes gargantas y cuevas color esmeralda mientras se asciende cada vez más hasta llegar a las villas de Ravello. Sin duda, lo mejor está al final.

Otros meses para ir

Septiembre El tiempo sigue siendo veraniego y las multitudes han vuelto a casa, así que las carreteras y pueblos están más tranquilos.

PLANIFICA TU VIAJE Llegada El aeropuerto de Nápoles es el más cercano a la costa. **Desplazamientos** La mejor opción para recorrer la costa Amalfitana es alquilar un coche. **Tiempo** Días soleados y cálidos y algún chubasco. Por las noches refresca. **Temperatura media** 16 ºC.

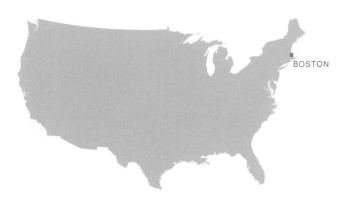

BOSTON

América del Norte Estados Unidos
BOSTON

POR QUÉ IR *Visitar la capital de Massachusetts en abril es ideal para los hinchas del deporte, pues empieza la temporada de béisbol, se celebra el maratón de Boston y las ligas de baloncesto y hockey sobre hielo están en su apogeo.*

La histórica y acogedora Boston es una ciudad pausada y tradicional, pero en abril la cuna de la Revolución americana se anima con la llegada de multitud de aficionados al deporte. Desde principios de mes, el emblemático campo de béisbol de Fenway Park se abarrota de seguidores de los Red Sox y el ruido metálico de los bates golpeando las bolas se mezcla con los gritos de la entregada afición. Mientras, los amantes del baloncesto disfrutan del juego de los Boston Celtics en el TD Garden, un espacio que comparten con el equipo Boston Celtics de hockey sobre hielo. Incluso quienes no siguen los deportes de competición encuentran difícil

resistirse a los 30.000 corredores que inundan las calles de la ciudad durante el maratón de Boston, que se celebra el tercer lunes del mes.

Aparte de por el deporte, Boston es conocida por sus bonitos barrios. Los edificios y calles empedradas de Beacon Hill, incluida la plaza Louisburg con sus farolas de gas, recuerdan el Boston de la década de 1840. Las barcas de remos y veleros surcan el río Carlos, los corredores y patinadores pasan por la Esplanade y los estudiantes animan la ciudad, repleta de cafés, librerías curiosas y *boutiques* de moda. Todo viaje a Boston debería incluir una visita a los pubs, como el Cheers de Beacon Hill, que inspiró la

serie homónima. Tras varios días, se puede cambiar la hospitalidad de la ciudad por la fresca brisa marina en un recorrido por las islas de Nueva Inglaterra.

Otros meses para ir
Septiembre Festivales gastronómicos y colores otoñales. **Diciembre** Más tranquilo, frío y festivo.

PLANIFICA TU VIAJE **Llegada** El aeropuerto internacional de Logan está a 5 km del centro de la ciudad. **Desplazamientos** Boston es una ciudad compacta que se puede recorrer a pie, y además tiene metro (MBTA). **Tiempo** Cálido y agradable. **Temperatura media** 17 °C.

**En el sentido de las agujas
del reloj desde arriba**
Edificios y árboles de Mount
Vernon Street, Beacon Hill;
amanecer sobre Fenway Park;
Hanley Ramírez bateando para
los Boston Red Sox

// MAYO

Barcos atracados en el lago
Windermere, en el distrito
de los Lagos de Inglaterra

Atardecer sobre
una ladera
cubierta de flores
en Rannerdale,
Distrito de
los Lagos

DISTRITO DE LOS LAGOS

Europa Inglaterra
DISTRITO DE LOS LAGOS

POR QUÉ IR *En mayo los días son largos y suaves y el Distrito de los Lagos se puebla de fauna. Se puede caminar por senderos floridos, atravesar campos donde pastan corderos y ascender las famosas colinas de la región.*

La primavera está en todo su esplendor en el Distrito de los Lagos, una región famosa por su belleza natural y salvaje. Este paisaje quedó inmortalizado en las obras de William Wordsworth y Beatrix Potter, y hoy atrae a senderistas deseosos de ascender picos como el Scafell Pike (978 m), el más alto de Inglaterra.

Quienes prefieran una ruta menos transitada pueden optar por el tramo de 6 km entre Rannerdale y Buttermere, que se puede realizar en solo tres horas. En esta época del año se encuentran en los campos ovejas Herdwick, autóctonas de la región, y jacintos silvestres. Rannerdale Knotts, con 355 m de altitud, permite disfrutar de una ascensión relativamente sencilla. Mientras se serpentea por los valles, las abruptas colinas se elevan alrededor,

salpicadas de tonos anaranjados, verdes y marrones. El sendero hasta la cima del Rannerdale Knotts es algo empinado, así que conviene parar en alguna roca a escuchar los arroyos que fluyen por las laderas y los balidos de los corderos a lo lejos. Una vez en la cumbre, la recompensa es una hermosa panorámica de los North Western Fells.

Tras la caminata, lo mejor es regalarse una suculenta comida. Para ello basta con descender hasta el pueblo de Buttermere y entrar en alguno de sus pubs históricos. Esta ruta permite disfrutar de la primavera en su apogeo.

Otros meses para ir
Julio-agosto Con el verano llegan las ferias agrícolas y los festivales de cerveza. **Noviembre** Celebración de la Bonfire Night.

PLANIFICA TU VIAJE **Llegada** El Distrito de los Lagos está en el condado nororiental de Cumbria. Hay trenes regulares de London Euston a Oxenholme, de donde salen trenes a varias localidades de la región. **Desplazamientos** Es conveniente tener coche. Luego se pueden recorrer los destinos a pie o en bicicleta. **Tiempo** Los días suelen ser secos, pero es mejor llevar varias capas de ropa por si refresca. **Temperatura media** 12 °C.

DÓNDE RECUPERAR FUERZAS

La campiña inglesa cobra vida en mayo. Tras disfrutar de un día en plena naturaleza, por qué no regalarse un merecido descanso.

Ambleside Zeffirellis es un restaurante de inspiración mediterránea y un bar de *jazz* que dispone de su propio cine independiente —merece la pena elegir la comida con película y acomodarse en sus asientos rojos—.

Coniston Algo apartada del sendero Yewdale Fells de Coniston está la Yew Tree Farm, un B&B donde Beatrix Potter residió en la década de 1930. Hay un *jacuzzi* al aire libre.

Windermere El camping Low Wray de Windermere, propiedad de la National Trust, ofrece la posibilidad de acampar a todo lujo. Hay tiendas de safari amuebladas y refugios en árboles.

Cartmel Un buen lugar para disfrutar de un té es el Hazelmere Café de Cartmel. Ponen mucho esfuerzo en usar productos locales, como salchichas de Cumberland o gambas de la bahía de Morecambe.

Grasmere En la Grasmere Gingerbread Shop, abierta en 1854, se pueden comprar galletas de jengibre de Grasmere *(abajo)* antes de visitar la tumba de Wordsworth.

PRAGA

Europa República Checa
PRAGA

POR QUÉ IR *Por el día se puede disfrutar de la ciudad y por la noche de los conciertos del Festival de Primavera.*

Mozart afirmó una vez: «Mi orquesta está en Praga», y durante el festival de música de primavera de la ciudad parece como si todas las grandes orquestas del mundo se hubieran reunido en ella. Desde 1946, este festival recibe a los mejores solistas, orquestas sinfónicas y grupos de música de cámara, que actúan en los principales escenarios de Praga.

El mejor de todos es la Obecní Dům (Casa Municipal), finalizada en 1911, una sala de conciertos, salón de baile, café y restaurante con un diseño tan caprichoso y exuberante que la contigua torre de la Pólvora del siglo XV parece casi ofendida por su presencia. La elaborada decoración de la sala Smetana, en el corazón del edificio, deja a los espectadores impresionados y dudosos de que ningún intérprete pueda superar el esplendor del entorno. Pero los directores y solistas lo consiguen en repetidas ocasiones. Sin duda, es esta combinación lo que da lugar cada año a las mejores series de conciertos de Europa.

Otros meses para ir

Diciembre El momento para disfrutar de los mercados navideños de Praga.

PLANIFICA TU VIAJE **Llegada** El aeropuerto Václav Havel está a 10 km del centro. **Desplazamientos** El centro de Praga puede recorrerse a pie, aunque hay también una fiable red de autobuses y tranvías. **Tiempo** Normalmente soleado y con escasas lluvias. **Temperatura media** 18 °C.

América del Sur Bolivia
LA PAZ

LA PAZ

POR QUÉ IR *Mayo es ideal para visitar La Paz y sus alrededores, ya que la temperatura es suave y agradable.*

Gracias al impresionante emplazamiento de La Paz, quienes llegan en avión a la capital *de facto* de Bolivia pueden disfrutar de una primera imagen de la ciudad espectacular. El aeropuerto internacional se encuentra en el altiplano, una ventosa llanura a 4.000 m de altitud que domina el suroeste de Bolivia.

Recorrer La Paz a pie resulta físicamente exigente debido a la altitud, la elevación y las aglomeraciones, pero no existe mejor manera de empaparse de las estampas, sonidos y aromas de esta metrópolis claramente andina. Más de la mitad de la población de la ciudad es de origen aimara o quechua, y por todas sus aceras, esquinas y mercados se encuentran cholas –mujeres indígenas con largas trenzas, bombines y faldas de varias capas– vendiendo desde empanadas hasta medicina local. «Cómprame», les dicen a quienes pasean entre la multitud de vendedores, esperando animarles a una sesión de regateo. Esta escena, acompañada por los incesantes y estruendosos pitidos de los coches,

es la esencia de La Paz, aunque existen lugares donde darse un respiro. La ciudad alberga multitud de cafeterías tranquilas y museos, y sus espectaculares alrededores ofrecen una variedad aún mayor de posibilidades para relajarse.

Otros meses para ir
Junio Celebración del Año Nuevo aimara en el solsticio de invierno.

PLANIFICA TU VIAJE Llegada La Paz cuenta con el aeropuerto internacional de El Alto. **Desplazamientos** Se puede viajar en económicos taxis, *trufis* (taxis compartidos), *colectivos* (minibuses compartidos) y *micros* (autobuses). **Tiempo** Seco, días suaves y noches frescas. **Temperatura media** 18 °C.

Mujeres vestidas con el atuendo tradicional junto a una tienda en La Paz

Cruzando el puente de Carlos hacia la catedral de San Vito mientras atardece sobre Praga

ZAMBIA

CATARATAS VICTORIA

ZIMBABUE

Áfríca Zambia y Zimbabue
CATARATAS VICTORIA

POR QUÉ IR *Las cataratas Victoria pueden visitarse durante todo el año, pero lo mejor es ir en mayo, tras las lluvias estivales, cuando el río presenta su mayor caudal.*

Las majestuosas cataratas Victoria, o Mosi-oa-Tunya (humo que truena), son una de las maravillas naturales más impresionantes del mundo. Sus 1.700 m de anchura máxima y 108 m de altura máxima las convierten en las más grandes del planeta –casi el doble que las del Niágara en América del Norte–.

Las cataratas Victoria, bautizadas por David Livingstone en honor a la reina del Reino Unido, sirven de frontera a dos países y muestran un carácter distinto en cada uno de ellos. En Zimbabue la cascada se contempla a cierta distancia, desde un frondoso bosque situado al otro lado de la garganta y alimentado por la densa bruma que forma el agua al caer. En Zambia es posible acercarse más a la catarata, ya que se puede caminar hasta el borde de la grieta por la que se precipita el Zambezi o recorrer diversos senderos y pasarelas empapados por el agua vaporizada.

Este contraste se percibe también en las dos poblaciones fronterizas. Aunque Zimbabue haya perdido parte de su prestigio y esté enfrentándose a problemas políticos y económicos, la localidad de Victoria Falls sigue prosperando. El turismo mantiene sus numerosos hoteles, casas de huéspedes, restaurantes, casinos y agencias de viajes. Por su parte, Zambia está recogiendo los frutos de las reformas políticas y está desarrollando una industria turística propia –menos comercial que al otro lado de la frontera–.

Tras ver las cataratas, hay multitud de actividades de las que disfrutar en ambos países. Se puede descender en balsa por las gargantas, volar en ultraligero entre la bruma, realizar una travesía por el río repleto de hipopótamos y cocodrilos, fotografiar elefantes, antílopes y leones en un safari, escalar en roca o simplemente tomarse una cerveza Zambezi Lager y brindar por la suerte de estar en África.

Otros meses para ir

Septiembre Cuando el nivel del agua está bajo se puede nadar en la Devil's Pool, una piscina natural que llega al borde de la cascada.

PLANIFICA TU VIAJE Llegada Volar hasta el aeropuerto internacional de Victoria Falls o el de Harry Mwanga Nkumbula. **Desplazamientos** Desde ambos lados de la cascada se pueden tomar taxis hasta los respectivos puestos fronterizos; el espacio entre ambos puestos se recorre a pie o en otro taxi. **Tiempo** Cálido y soleado. **Temperatura media** 28 °C.

«*Las majestuosas cataratas Victoria son una de las maravillas naturales más impresionantes del mundo*»

Bruma en la base de
las cataratas Victoria
o Mosi-oa-Tunya,
en el sur de África

BALI

Asia Indonesia
BALI

POR QUÉ IR *En mayo los cielos se despejan tras las tormentas tropicales de la temporada de lluvias, además las multitudes del verano aún no han llegado.*

La isla de Bali, ubicada en el archipiélago de Indonesia, es uno de los destinos vacacionales más relajantes del mundo. Esta isla exótica y diversa es tan pintoresca que parece un escenario: los volcanes se elevan hasta las nubes y las terrazas cubiertas de arrozales descienden en cascada hasta el océano. Además de naturaleza, Bali ofrece una impresionante cantidad de spas. Estos oasis de tranquilidad se dedican no solo a cuidar el cuerpo, sino también a restaurar el equilibrio interior, por lo que atraen a quienes desean aliviar la fatiga, estimular los sentidos y despertar el espíritu. En ellos se puede practicar yoga, relajar los músculos con un tratamiento de *boreh* tradicional o simplemente desconectar de todo y disfrutar de la calma en un lugar muy parecido al paraíso.

Otros meses para ir
Junio-julio Se puede asistir al aclamado Festival Artístico de Bali, con danza, conciertos, exposiciones de arte y mucho más.

PLANIFICA TU VIAJE **Llegada** Bali cuenta con el aeropuerto internacional de Ngurah Rai (Denpasar). **Desplazamientos** Taxis con aire acondicionado, vehículos con conductor o coches y motocicletas de alquiler. **Tiempo** Mayo es el comienzo de la temporada seca en Bali. Soleado, aunque en las zonas montañosas puede refrescar. **Temperatura media** 30 °C.

Derecha Frondosos arrozales de Tegallalang, en el centro de Bali, vistos desde el aire

Abajo Saludable desayuno a base de fruta; meditando junto a una piscina al atardecer

Izquierda Pintoresca casa de campo en Glencoe, oeste de Escocia

Abajo Vaca de las Tierras Altas de Escocia; actor caracterizado como Robert Burns a la puerta de la casa donde nació el poeta

ESTUARIO DE CLYDE

Europa Escocia
COSTA OESTE

POR QUÉ IR *Empieza la temporada de festivales en el oeste de Escocia. La principal celebración es el Burns An' A' That!*

El sol se va ocultando lentamente por el horizonte y la luz de su esfera rojiza dibuja ondas doradas sobre las aguas cada vez más oscuras del estuario de Clyde. Cuando desaparece tras las islas y su resplandor se apaga, el cielo nocturno se llena de repente de colores brillantes. Hay gente arremolinada en el Low Green de Ayr y otra al borde del paseo marítimo, disfrutando de los fuegos artificiales y la música que ponen fin al Burns An' A' That!, un festival dedicado a la vida y obra del poeta más famoso de Escocia, Robert Burns, y a la cultura escocesa de su época. Durante los diez días que dura, se ofrecen recitales, degustaciones, conciertos, paseos guiados y cuentacuentos. Si Burns viviera hoy, no hay duda de que se uniría a los músicos en los pubs, contaría historias y admiraría los fuegos artificiales junto a la multitud.

Una vez terminada la fiesta, merece la pena ascender por la costa oeste, atravesando diminutos pueblos pesqueros y espectaculares valles y saboreando las amplias vistas, que podrían incluso inspirarte algunos versos.

Otros meses para ir
Septiembre-octubre Las multitudes del verano se marchan y el paisaje cambia de color, lo que anuncia una nueva estación.

PLANIFICA TU VIAJE Llegada Ayr está a 60 km al suroeste de Glasgow, donde se encuentra el aeropuerto internacional de Glasgow. **Desplazamientos** Para recorrer el oeste lo más práctico es un coche. **Tiempo** Húmedo, suave y con días soleados. **Temperatura media** 14 °C.

MESETA DEL COLORADO

América del Norte Estados Unidos
MESETA DEL COLORADO

POR QUÉ IR *A finales de mayo el tiempo en la meseta del Colorado es cálido, lo que resulta ideal para caminar y conducir. Todo está muy verde y aún no hay multitudes.*

La meseta del Colorado alberga algunos de los paisajes más impactantes del mundo. Las agujas de roca y los arcos labrados por el viento se alzan en silencio sobre impresionantes plataformas desérticas, mientras los antiguos ríos fluyen por profundos cañones cuyas altas paredes de roca roja conservan vestigios de hace unos 50 millones de años. Algunas formaciones, como las muelas y mesas de Monument Valley, han aparecido en incontables películas, por lo que son fácilmente reconocibles. Otras, como el cañón fluvial de Zion, resultan sorprendentemente novedosas. Incluso el Gran Cañón ofrece vistas menos conocidas cuando se contempla desde North Rim. Esta zona, 305 m por encima del más famoso y desértico South Rim, está cubierta por un frondoso bosque. Desde el borde del cañón, el río Colorado aparece como un resplandor casi oculto cientos de metros por debajo.

La espectacular naturaleza de la región es perfecta para recorrerla a pie. Hay rutas que conducen hasta oasis en el desierto con pozas alimentadas por cascadas y paisajes extrañamente hermosos con torres de piedra roja esculpidas por el viento. El Rim Trail es un sendero que permite recorrer el borde del épico Gran Cañón durante kilómetros.

Alquilar una autocaravana es una de las mejores opciones para visitar la región, ya que ofrece una gran libertad para moverse al ritmo que se desee. No hay nada como disfrutar de un café en el desierto con el fresco aire de la mañana mientras se piensa en el día de aventura que se tiene por delante.

Otros meses para ir
Septiembre-octubre Las temperaturas descienden tras el verano.

PLANIFICA TU VIAJE **Llegada** Volar al aeropuerto de Las Vegas, al que llegan aerolíneas nacionales e internacionales, y luego seguir en coche. **Desplazamientos** En autocaravana o coche. **Tiempo** Soleado, días cálidos y noches frescas. **Temperatura media** 22 °C.

RUTAS A PIE POR LA MESETA

1 El **cañón del Bighorn**, en el Grand Staircase-Escalante National Monument, es una de las rutas más sencillas (12,5 km).

2 **Phipps Wash** es una preciosa ruta de 13,8 km en el Grand Staircase-Escalante National Monument. Requiere cierto esfuerzo, pero merece la pena por las magníficas vistas desde lo alto del Maverick Bridge.

3 En **Salt Creek**, en el Needles District del Canyonlands National Park, hay cuevas en las paredes de roca y petroglifos –vestigios de la antigua cultura de los indios Pueblo–. Es una ruta de 39 km, por lo que es necesario planear dónde se va a acampar.

4 **Professor Creek**, a escasa distancia de Moab, es una ruta de 13 km realmente refrescante, pues incluye tramos en los que se chapotea por arroyos poco profundos y acaba en una cascada doble.

5 El **Rim Trail** recorre unos 21 km a través del Grand Canyon National Park. Es una ruta clara, sencilla y con unas vistas fabulosas *(abajo)*.

Admirando la
impresionante
geología del cañón
de Antílope, un
cañón de ranura en
el norte de Arizona

CRETA

Europa Grecia
CRETA

POR QUÉ IR *El verano cretense comienza en mayo, cuando las tierras bajas se cubren de flores silvestres.*

Creta es un crisol de civilizaciones antiguas y alberga muchos tesoros arqueológicos, pero es su naturaleza lo que destaca en esta época del año. La isla, con sus olivos verde oscuro, sus fragantes naranjos y sus adelfas silvestres, rebosa vida.

Hay magníficas rutas de senderismo, como el exigente recorrido por la garganta de Samaria hasta la costa sur, una de las zonas naturales más bellas de Grecia. La garganta de Therisso, por la que discurre una pequeña carretera, es una opción más sencilla. Desde lo alto de las colinas se tiene la sensación de haber retrocedido en el tiempo.

Otros meses para ir
Marzo Perfecto para disfrutar de las fiestas de Carnaval de Rethymno e Irakleio.

PLANIFICA TU VIAJE **Llegada** Creta es una isla al sur de Atenas y dispone de tres aeropuertos: Irakleio, Chania y Sita. **Desplazamientos** Se puede viajar en autobús y taxi o alquilar un coche. **Tiempo** Cálido y soleado. **Temperatura media** 25 °C.

Sfakia, un pequeño pueblo rodeado de colinas en la costa sur de la isla

Asia China
RUTA DE LA SEDA

POR QUÉ IR *La Ruta de la Seda sigue estimulando la imaginación de los viajeros. Conviene acudir en mayo para evitar el extremo calor del verano.*

Pocas rutas son equiparables a la mítica Ruta de la Seda. Esta antigua vía comercial con unos 7.000 km de longitud estaba formada por una red de rutas que convergían y divergían a través de Asia. Xi'an era el inicio de la ruta norte, y sigue siendo un buen punto de partida para este inolvidable recorrido. En avión se tarda unos minutos en cubrir cada etapa del camino, pero si se dispone de tiempo, es mejor tomar el tren –la sensación de viaje resulta más intensa al ir contemplando los cambios en el paisaje y la arquitectura desde el vagón–.

En la Ruta de la Seda se encuentran multitud de monumentos interesantes. Xi'an alberga la gran pagoda del Ganso Salvaje y el ejército de terracota; el imponente fuerte de Jiayuguan es una magnífica obra arquitectónica; y en Dunhuang están las cuevas de Mogao, con la mejor colección de arte budista de China. Y además se pueden contemplar bellas mezquitas, el desierto y el paisaje montañoso por las ventanillas del tren. Este viaje es intenso, polvoriento, caluroso e inigualable. ¿Qué más se puede pedir?

Otros meses para ir

Septiembre-octubre Tras el calor del verano, la temperatura baja y el otoño despliega su colorido. Conviene evitar el abrasador verano y el durísimo invierno.

PLANIFICA TU VIAJE **Llegada** Xi'an dispone de un aeropuerto internacional, pero la mayoría de los visitantes llegan a través de Beijing. **Desplazamientos** El medio de transporte más gratificante es el tren. **Tiempo** Suave y primaveral. **Temperatura media** 23 °C.

En el sentido de las agujas del reloj desde arriba a la izquierda Mural en las cuevas de Mogao; paisaje montañoso de Xinjiang; fuerte de Jiayuguan; guerreros de terracotta de Xi'an; lago de la Media Luna, un oasis próximo a Dunhuang; vendedor de alfombras en un mercado local

NUEVA YORK

América del Norte Estados Unidos
NUEVA YORK

POR QUÉ IR *Nueva York, una de las ciudades más fascinantes del mundo, posee una gran riqueza cultural, gastronómica y comercial. El momento ideal para visitarla es al final de la primavera, cuando la temperatura es suave y hay festivales como el Tribeca Film Festival.*

Al principio, el ritmo acelerado de la ciudad resulta abrumador, pero muy pronto se empieza a correr de un lado a otro, a comer a la carrera y a participar en la agitación. Nueva York puede ser lo que cada uno desee: elegante o vanguardista, un templo de la cultura o una trampa del consumismo.

Recorrer esta ciudad es un verdadero placer, ya que cada barrio posee un carácter y una arquitectura diferentes, incluidos los neones de Broadway, los monumentos de hierro fundido de SoHo y los relucientes rascacielos del barrio financiero. Lo mejor es desplazarse a pie: se puede pasear por el Upper East Side con sus mansiones *beaux-arts* y docenas de museos, como la Frick Collection, el Guggenheim de Frank Lloyd Wright y el Jewish Museum, y luego dirigirse al Upper West Side para ver los clásicos apartamentos *art déco* y más museos.

Para saborear realmente la ciudad, lo mejor es disfrutar de algunas de las actividades favoritas de los neoyorquinos: contemplar a los artistas callejeros y a la gente que pasa desde los escalones del Metropolitan Museum of Art cualquier día laborable por la tarde; recorrer los puestos del mercado de productores de Union Square; caminar por el East River Promenade desde Brookfield Place a través de Battery Park, con la estatua de la Libertad siempre a la vista; asistir a algún espectáculo; o ir al mercado dominical GreenFlea en Columbus Avenue y 77th Street. No se tarda mucho en descubrir por qué tanta gente considera la Gran Manzana su hogar.

Otros meses para ir
Junio Fiesta del orgullo y desfile del día de Puerto Rico. **Diciembre** Las fiestas navideñas empiezan con la colocación de luces y decoración.

PLANIFICA TU VIAJE Llegada Nueva York cuenta con tres aeropuertos: La Guardia (vuelos nacionales), JFK y Newark. **Desplazamientos** Nueva York se puede recorrer perfectamente a pie. La red de metro es amplia. **Tiempo** Mayo suele ser un mes soleado, pero puede hacer frío. Conviene llevar varias capas de ropa. **Temperatura media** 20 °C.

Nueva York es una ciudad de contrastes: calles del Lower Manhattan y elegantes rascacielos al fondo

// JUNIO

Arriba Calles en cuadrícula
en torno a la inacabada
Sagrada Familia, diseñada
por Antoni Gaudí

Derecha Tragafuegos
actuando en la noche
de San Juan; asistentes a
un concierto en el festival
de música Sónar

BARCELONA

Europa España
BARCELONA

POR QUÉ IR *En junio Barcelona ofrece no solo su mejor clima, sino una programación cultural repleta de festivales y eventos. La principal fiesta es la de Sant Joan, cuya celebración atrae a multitud de personas a la playa.*

Barcelona, enclavada entre el Mediterráneo y los montes de Montjuïc y Tibidabo, se asemeja a un teatro. En la Rambla, un paseo de 1,2 km que llega hasta el mar, todo el mundo forma parte de la representación y los turistas se unen a las estatuas humanas, bailarines y demás artistas del elenco habitual. Unas serpenteantes calles conducen al Barri Gòtic, el corazón medieval de la ciudad, donde se encuentran iglesias con columnas, atractivas puertas, elaboradas gárgolas y callejones que desembocan en románticas plazas y patios soleados. En el barrio del Born los palacios medievales albergan ahora museos de arte y bares de tapas y cava, y las tiendas de diseño vanguardista y restaurantes elegantes comparten espacio con los clubes más modernos.

A mediados de junio llega el Sónar, un festival de tres días dedicado a la música electrónica y el arte digital. Sin embargo, la principal celebración del mes es la fiesta de San Juan en la noche del 23 de junio, durante la que Barcelona se ilumina con espectaculares fuegos artificiales. La gente se reúne en la playa para bailar toda la noche en torno a enormes hogueras y recibir el nuevo día con un baño tonificante.

Otros meses para ir
Septiembre Al término del verano, llegan las procesiones y verbenas de la Fiesta de la Mercè.

PLANIFICA TU VIAJE **Llegada** El aeropuerto internacional de El Prat está comunicado con la ciudad por autobús, tren y taxi. **Desplazamientos** La ciudad se puede recorrer fácilmente a pie y hay unas excelentes redes de autobús y metro. **Tiempo** Seguramente soleado; no suele llover. **Temperatura media** 25 °C.

LO MÁS DESTACADO

La vanguardista y atractiva Barcelona ofrece algo para cada momento del día.

1 La **arquitectura de Gaudí** es atractivamente caprichosa. Se puede descubrir en la casa Batlló, el parque Güell y, por supuesto, la Sagrada Familia.

2 La **Rambla** es el corazón de la ciudad, una bulliciosa avenida a la que los lugareños acuden para comer, beber y reunirse con amigos.

3 La **vida nocturna de Barcelona** es inigualable. Los barrios del Raval, el Born y el Eixample están repletos de bares y clubes.

4 Los **museos** abarcan desde arte y diseño modernos hasta historia de la ciudad. Resulta complicado decidir por dónde empezar.

5 **Montjuïc** se eleva sobre la ciudad con su fortaleza, sus jardines y su parque Olímpico. Compra una botella de cava, sube en teleférico y disfruta de la vista.

CONSEJO

En el carrer de l'Allada-Vermell, 12 (el Born), se encuentra un escenario fotográfico perfecto: una preciosa casa antigua decorada con todo tipo de plantas.

YUNNAN

Asia China
YUNNAN

POR QUÉ IR *En junio la garganta del Salto del Tigre de Yunnan está a rebosar de agua, por lo que es el momento ideal para recorrerla.*

La garganta del Salto del Tigre es una de las maravillas naturales de China. Aquí el Jīnshā Jiāng o río de arenas doradas, se abre paso entre dos cumbres de 5.000 m, el monte del Dragón de Jade y el monte de Haba. Mientras se avanza por el estrecho sendero que recorre la ladera de la montaña, el río fluye con furia por debajo y los picos envueltos en nubes se elevan por encima. A cada curva aparece una vista sublime –no extraña que quienes completan esta ruta de 32 km se quejen de tener el cuello cansado, además de las rodillas–.

Otros meses para ir
Abril Con la primavera llega la Fiesta del Agua, que celebra el año nuevo en Xishuangbanna.

PLANIFICA TU VIAJE Llegada La región de Yunnan cuenta con el aeropuerto internacional de Kunming Changshui y con autobuses interurbanos. **Desplazamientos** Taxis abundantes y baratos. **Tiempo** Suave y despejado. **Temperatura media** 19 °C.

Las turbulentas aguas del río Jīnshā abriéndose paso por la garganta del Salto del Tigre

América del Norte Canadá
MONTREAL

MONTREAL

POR QUÉ IR *Montreal se llena de actividad en verano; su evento estrella es el Festival Internacional de Jazz.*

El verano canadiense es suave y terriblemente breve, pero los habitantes de Montreal saben cómo aprovecharlo al máximo. Cuando la nieve se derrite, la ciudad se convierte en una sucesión de festivales, fiestas y celebraciones. Cualquier excusa es buena: alguien solicita un permiso, se acordona una calle tranquila y empieza la diversión. Destaca el Festival Internacional de Jazz, que se celebra de finales de junio a principios de julio. Este encuentro, concebido como un festival popular, dura diez días y ofrece 500 conciertos en escenarios al aire libre (gratuitos), salas de música y clubes. Llegan a reunirse dos millones de personas para disfrutar de la música. Leyendas del *jazz* de todo el mundo acuden para compartir escenario con talentos locales, lo que convierte el festival en una de las mejores fiestas del planeta.

Montreal es como una improvisada pieza de *jazz*: sorprende a cada paso. Esta dinámica y vibrante ciudad trata de satisfacer a la mayoría —con cultura, vida nocturna y compras— y, con su talento galo, siempre lo logra.

Otros meses para ir

Febrero La Poutine Week está dedicada a un plato con patatas, queso y salsa de carne.

PLANIFICA TU VIAJE **Llegada** El aeropuerto internacional de Trudeau está a media hora en taxi del centro de la ciudad. **Desplazamientos** Las redes de metro y autobús son las mejores opciones para moverse. **Tiempo** Chubascos frecuentes, pero de escasa duración. **Temperatura media** 20 °C.

Banda de *jazz* actuando en el escenario principal del Festival Internacional de Jazz

Kore
Vets

TENNESSEE

América del Norte
Estados Unidos
TENNESSEE

POR QUÉ IR *Durante cuatro mágicos días de junio, los mejores intérpretes de* country *del país acuden a Nashville, y Memphis le sigue el ritmo.*

¡Música y más música! ¿En qué otro lugar del mundo se encuentran dos ciudades famosas por sus estilos musicales a medio día en coche una de otra? Nashville, cuna del *country*, alberga cada junio el Festival de la Asociación de Música Country (CMA), al que asisten innumerables estrellas. Durante cuatro días la ciudad se convierte en una gran fiesta, así que lo mejor es unirse a la multitud que asiste a los conciertos.

Si Nashville es el refinado centro del *country*, Memphis es la sencilla localidad en la que surgió el *rhythm-and-blues* y *el rock'n'roll*. Sun Records –donde empezaron Johnny Cash y un muchacho llamado Elvis– es el origen del R&B, y Graceland es su corazón. Merece la pena dedicar una noche a recorrer los bares de Beale Street, donde se puede comer gumbo, beber cerveza y bailar el mejor *blues* de América.

Otros meses para ir
Mayo El Beale Street Music Festival y los Blues Music Awards animan Memphis.

PLANIFICA TU VIAJE Llegada Tanto Nashville como Memphis tienen aeropuerto internacional, pero llegan más vuelos a Memphis. **Desplazamientos** Se pueden alquilar coches en los aeropuertos. Se necesitan unas 4 h para ir en coche de una ciudad a otra. **Tiempo** Cálido y húmedo. **Temperatura media** 32 °C.

Llamativos carteles de bares en la bulliciosa Broadway, en el centro de Nashville

Oceanía Australia
ULURU

POR QUÉ IR *Esta impactante roca es uno de los iconos de Australia. Conviene visitarla en junio, cuando la temperatura es más soportable, e intentar ver la luna llena alzándose tras la roca al atardecer.*

Al llegar a Uluru, es imposible no quedar impresionado por este enorme monolito de terracota –el templo más antiguo del mundo– que se alza sobre el infinito paisaje desértico. Aunque no hay que dejarse engañar por el término desértico, ya que el Parque Nacional Ulura-Kata Tjuta alberga una abundante flora y fauna. La zona está salpicada de robles del desierto, bajo los que rebolotean aves de colores, y por la noche se escuchan los aullidos de los dingos a través del territorio rojizo.

En la caminata de cuatro horas por el sendero que rodea Uluru, se encuentran numerosas pozas de agua y arte rupestre. Conviene planificar el recorrido para terminar justo antes del atardecer y disfrutar del increíble colorido que adquiere la roca mientras el sol se oculta tras ella.

Con un vehículo todoterreno, el horizonte de este vasto paisaje no tiene límites. Se puede recorrer el lecho del río Ormiston y contemplar las paredes de su garganta. O flotar en las aguas del Ellery Creek, observando las rocas que se elevan por encima. O acampar entre eucaliptos junto al río Finke, sobre el que se alzan las palmeras de Palm Valley. Sin olvidarse de Kata Tjuta, un conjunto de treinta y seis rocas en forma de cúpula con gargantas y valles tan silenciosos que evocan el enorme significado espiritual de este extraño paisaje.

Unos días en el Red Centre australiano bastan para cambiar la concepción del tiempo. Aquí el reloj es inútil, ya que es imposible medir los eones de historia de esta antigua tierra.

Otros meses para ir

Septiembre-octubre Es magnífico visitar Uluru en primavera. La temperatura es agradable y llueve (relativamente) poco, lo que resulta ideal para hacer senderismo y ciclismo.

Arriba Uluru, enmarcado por el cielo rosado del amanecer

Derecha Didyeridús con vistosos diseños; mulla rosada floreciendo en el desierto; antigua pintura rupestre aborigen con un cazador y un canguro

PLANIFICA TU VIAJE **Llegada** Hay vuelos nacionales diarios a los aeropuertos de Alice Springs y Ayers Rock, y desde la cercana Yulara se puede tomar un autobús a Uluru. **Desplazamientos** Alquilar un coche en Alice Springs para recorrer la zona. **Tiempo** Agradable por el día, pero por la noche la temperatura puede bajar a 5 °C. **Temperatura media** 19 °C.

ISLANDIA

Europa
ISLANDIA

POR QUÉ IR *En junio hay casi veinticuatro horas de luz, lo que supone mucho tiempo para disfrutar del país, desde el hielo que le da nombre hasta su calor volcánico.*

Casi todo lo que se ha escrito sobre Islandia se refiere a ella como *la tierra del fuego y el hielo*, una descripción algo manida pero que representa los principales recursos de la isla. Islandia vive literalmente de su geología, desde los pastizales para las ovejas cultivados sobre el rico suelo volcánico y con la escorrentía glaciar, hasta el calor y la energía geotérmicos que impulsan el país. Sus extensos glaciares, volcanes activos, manantiales termales, géiseres, montañas solitarias, ríos turbulentos e innumerables cascadas impresionan a cualquier viajero.

De mayo a julio, esta isla subártica recibe luz durante todo el día (además de una buena cantidad de lluvia procedente del Atlántico Norte). Los precios en Islandia son altos, pero tal vez consuele pensar que por el mismo dinero se están consiguiendo dos días en uno. Como los hijos de los vikingos descubrieron hace mucho, esto significa el doble de tiempo para disfrutar de los placeres de Islandia. Se puede cabalgar por los páramos, caminar por solitarios campos de hielo, cuidarse la piel en las aguas ricas en minerales de la laguna Azul o desafiar a la fría y torrencial lluvia con un chapuzón en un *jacuzzi* al aire libre. Y al regresar a Reikiavik, todavía quedará suficiente luz para comer, beber y divertirse, o para unirse al *rúntur*, un recorrido por los pubs de la ciudad bajo el sol de medianoche.

Otros meses para ir
Septiembre-octubre Es el mejor momento para contemplar las auroras boreales antes de que llegue el terrible frío invernal, aunque las temperaturas ya sean bajas.

PLANIFICA TU VIAJE **Llegada** Los vuelos llegan al aeropuerto internacional de Keflavík, a 50 km al oeste de Reikiavik. **Desplazamientos** Alquilar un coche o usar el transporte público. Hay autobuses turísticos a los destinos más alejados. **Tiempo** Húmedo, con algunos días sin lluvia. **Temperatura media** 9 °C.

Impresionante monte Kirkjufell y cascadas Kirkjufellsfoss, cerca de la localidad de Grundarfjörður

VANCOUVER

HALIFAX

América del Norte Canadá
DE COSTA A COSTA

POR QUÉ IR *En junio llega el verano, y con él los días más largos, las temperaturas más cálidas y la oportunidad de contemplar la famosa fauna de Canadá.*

Los miles de kilómetros de raíles de acero que atraviesan el territorio canadiense guardan relatos de todos los viajeros que hicieron historia en este recorrido, como policías montados, militares, colonos y poetas. Esta vía férrea construida en la década de 1880 unió la nación, entretejiendo los hilos de un paisaje tan variado como sus gentes. Aún sigue siendo una ruta épica, que avanza paralela al río San Lorenzo hasta los afloramientos graníticos del Escudo Canadiense, cruza las grandes llanuras y los pinares de las Rocosas y emerge de los bosques húmedos para encontrarse con el océano Pacífico.

En este trayecto en tren de costa a costa, se pueden descubrir esas antiguas historias. En las Rocosas,

entre las impresionantes cumbres, los relatos hablan de los exploradores que abrieron las primeras vías por los traicioneros puertos de montaña y de los miles de trabajadores que construyeron puentes y túneles en la implacable roca.

Muchos viajeros optan por recorrer un pequeño tramo de esta ruta por Canadá, pero se puede cruzar todo el país desde Halifax hasta Vancouver. Solo hay que acomodarse en el asiento, relajarse y ver cómo va cambiando el paisaje al otro lado de la ventanilla. Aquí lo más importante es el viaje.

Otros meses para ir
Octubre Con la llegada del otoño, los bosques se visten de rojo y anaranjado.

PLANIFICA TU VIAJE Llegada Hay vuelos a todas las ciudades importantes, incluida Halifax (aeropuerto internacional de Stanfield). **Desplazamientos** Se puede tomar el tren hacia el este o hacia el oeste, comenzando en Halifax o Vancouver. **Tiempo** Suave, húmedo y con noches frescas. **Temperatura media** 20 °C.

OBSERVACIÓN DE FAUNA

Contemplar la fauna de Canadá en plena naturaleza es muy emocionante. Estas son algunas de sus principales especies.

1 Osos En los parques nacionales de las Rocosas y en las zonas remotas habitan osos pardos y negros, aunque es difícil verlos.

2 Águilas calvas Conviene estar atento por si se divisan las características cabeza y cola blancas de este águila, la mayor ave de presa de Canadá.

3 Alces Canadá alberga alrededor de un millón de estos solitarios animales con enormes bocas y amplias cornamentas, así que es probable ver al menos uno.

4 Águilas pescadoras Esta enorme ave de presa vive en toda Canadá. Se pueden ver sus inmensos nidos sobre árboles secos y postes.

5 Ballenas Las aguas costeras de Canadá sirven de hábitat a varias especies de ballenas. Suelen acercarse a la costa lo bastante para verlas desde tierra.

CONSEJO

La isla de Vancouver es uno de los mejores lugares para avistar ballenas. Entre marzo y agosto se ofrecen excursiones diarias desde Tofino, Ucluelet y Bamfield. La enorme ballena jorobada es la más fácil de ver.

«Basta con acomodarse en el asiento, relajarse y ver cómo va cambiando el paisaje al otro lado de la ventanilla. Lo más importante es el viaje»

En el sentido de las agujas del reloj desde arriba Atravesando el Parque Nacional Banff en las Rocosas; admirando el paisaje a través de las ventanillas del tren; atardecer sobre el faro de Peggy's Cove en Nueva Escocia, cerca de Halifax

MACHU PICCHU

América del Sur Perú
MACHU PICCHU

POR QUÉ IR *En junio el cielo está despejado y el tiempo es ideal para caminar, lo que permite disfrutar de toda la magia del Salkantay, una estupenda alternativa al saturado Camino Inca.*

Desde el sendero rocoso se ve la cumbre del nevado Salkantay elevándose hacia el cielo azul cobalto. Este pico, uno de los más venerados por el Imperio inca, sirve ahora de telón de fondo a la ruta Salkantay, la más emocionante de la región. Aunque el principal objetivo de este recorrido de 72 km sea llegar a Machu Picchu, el propio sendero resulta tan atractivo como el destino.

En este viaje por el paisaje andino se atraviesan quince ecosistemas distintos. Los lupinos morados bordean el sendero y los lagos aparecen rodeados de picos helados. En el punto más alto de la ruta, el paso de Salkantay, se ven apachetas, unos montoncitos de piedras que sirven de ofrenda a los espíritus de la montaña. A menor altitud, el bosque húmedo esconde hermosas orquídeas y colibríes. Y también conviene estar atento a los gallitos de las rocas, unas aves de plumaje anaranjado.

En el amanecer del último día, la niebla se va apartando de las montañas hasta dejar a la vista una ciudad de piedra con exquisitos bancales de cultivo y templos ceremoniales (bienvenido a Machu Picchu). Esta ciudadela, ubicada entre dos picos en las estribaciones andinas subtropicales, se construyó en armonía con el espectacular entorno natural. La vertiginosa ascensión al Huayna Picchu, la cumbre situada tras la ciudad, permite disfrutar de unas impresionantes vistas de todo el complejo con las montañas al fondo, lo que supone un magnífico colofón a la aventura.

Otros meses para ir

Abril y septiembre En estos meses se encuentran menos turistas y un paisaje más frondoso. Las lluvian ocasionales hacen brotar hermosas flores silvestres.

PLANIFICA TU VIAJE Llegada Volar del aeropuerto internacional de Lima a Cuzco. La ruta Salkantay comienza en Sallapata, a 100 km (3 horas por carretera) de Cuzco; se puede llegar al punto de partida en viajes organizados o transporte público. **Desplazamientos** La forma más sencilla de disfrutar de esta ruta es en un recorrido con guía de cinco días. **Tiempo** Seco, soleado y con noches frías. **Temperatura media** 20 °C.

DESCUBRE EL PERÚ INCA

El Imperio inca dejó magníficos tesoros repartidos a lo largo de los Andes. Machu Picchu podría considerarse la joya de la región, pero existen muchos otros restos menos conocidos y experiencias que permiten descubrir cómo era la vida de los incas.

1 En los bulliciosos **mercados andinos** se venden casi las mismas verduras que en época inca.

2 El **Inti Raymi** es una animada fiesta inca que se celebra en el solsticio de invierno en honor al dios Sol.

3 En junio se organiza una fiesta para reparar el **Q'eswachaka**, un puente de cuerda sobre el río Apurimac.

4 La **ruta de la Selva Inca** combina actividades y senderismo, perfecto para los amantes de la aventura.

5 La ruta a **Choquequirao** (dos días), una ciudadela inca menos conocida, es exigente.

La niebla
elevándose sobre
las ruinas de
Machu Picchu,
una de las imágenes
más bellas de
América del Sur

ROMA

Europa Italia
ROMA

POR QUÉ IR *En junio comienza el Estate Romana, un festival cuya ecléctica programación se distribuye por escenarios al aire libre de toda la ciudad, entre ellos el Foro imperial, la Villa Borghese y docenas de parques y plazas.*

La ciudad eterna lleva siglos recibiendo visitantes. Algunos acuden a contemplar las maravillas de la antigua Roma, como el magnífico Foro, el Coliseo y el monte Palatino. Otros desean admirar el bellísimo techo de la capilla Sixtina del Vaticano; echar un vistazo a las tiendas de diseño de la Via dei Condotti; o simplemente disfrutar de los mejores sabores del verano en la cocina local −*pizzas* finas y crujientes horneadas con leña, cientos de deliciosos platos de pasta, flores de calabacín fritas y para terminar, un *gelato* artesano−.

Cualquiera que sea la razón de la visita, resulta imposible caminar mucho sin toparse con algo extraordinario, ya sea el Área Sacra, una bulliciosa plaza donde se encuentran restos de templos antiguos y en la que fue asesinado César, o las llamativas esculturas de Bernini haciendo cabriolas en las fuentes de la Piazza Navona. Roma ha sido calificada de museo vivo, pero es también una ciudad viva. Basta con pasear por el antiguo barrio judío o los alrededores del Campo de' Fiori, con echar un vistazo a los talleres de artesanos que bordean las calles o con recorrer las callejuelas del bohemio barrio de Trastevere para descubrir la vida cotidiana romana.

Otros meses para ir
Abril En primavera la capital italiana ofrece temperaturas suaves, menos turistas que en verano y celebraciones de Semana Santa.

Derecha Puente
Sant'Angelo de Roma
al atardecer

Abajo Coliseo romano,
el mayor anfiteatro
jamás construido

PLANIFICA TU VIAJE Llegada Roma tiene dos aeropuertos: Leonardo da Vinci (Fiumicino), unido a la ciudad por tren, y Ciampino, por autobús. **Desplazamientos** Roma se puede recorrer fácilmente a pie o en metro, autobús y tranvía. **Tiempo** Poca probabilidad de lluvia. **Temperatura media** 28 °C.

*«Algunos acuden a contemplar las maravillas
de la antigua Roma, como el magnífico Foro,
el Coliseo y el monte Palatino»*

COSTA
DÁLMATA

Europa Croacia
COSTA DÁLMATA

POR QUÉ IR *Las aguas tranquilas y el tiempo cálido convierten junio*
en el mes ideal para recorrer la costa Dálmata. ¿Y qué mejor forma
de disfrutar del paisaje costero que navegando de isla en isla?

La costa Dálmata atesora multitud de
atractivos, entre ellos ciudades históricas, ruinas
romanas, palacios venecianos, kilómetros de
costa bañados por aguas cristalinas y un clima
seco y cálido. Además de islas, que son la joya
de Croacia. Los verdes islotes cubiertos de
cipreses y rodeados por un mar azul intenso
albergan preciosos pueblos de tejados rojos.
Existen ferris entre las distintas islas y
el continente y barcos privados de alquiler,
lo que permite seguir los pasos de los antiguos
exploradores a lo largo del mar Adriático.

Al saltar de isla en isla –Hvar, Split, Vis–,
se van descubriendo rincones espectaculares
para nadar. Las playas son todas de guijarros
y las que se encuentran más próximas a las
poblaciones pueden llegar a abarrotarse,
pero con un poco de esfuerzo es posible llegar
a calas maravillosas. Hay aromáticos bosques
de pinos y cipreses separados del mar por
estrechas franjas de rocas negras que pueden
parecer ardientes, pero que son perfectas
para lanzarse al agua y calentarse después.
Cuando hace demasiado calor, lo mejor es
retirarse a almorzar a la sombra de los árboles.

Para comer, no hay nada más delicioso que
una *pizza* y un plato de pasta. Puede que Italia
ya no reclame esta región, pero su cocina
la ha conquistado. Aunque también se puede
optar por el estupendo marisco de Dalmacia.
La mejor manera de descubrir esta zona es
viajar de isla en isla, disfrutando de las playas
y la cocina de cada una.

Otros meses para ir
Marzo-abril La Semana Santa es un buen
momento para visitar la zona. Los croatas
se regalan huevos pintados y el día de Pascua
los golpean entre sí; quien logra que su huevo
quede intacto gana.

PLANIFICA TU VIAJE **Llegada** Los dos aeropuertos principales para llegar a la costa Dálmata son el de
Dubrovnik y el de Split, ambos a unos 20 km de sus respectivas localidades. Hay autobuses de los aeropuertos
al centro de las ciudades. **Desplazamientos** Se puede alquilar un coche en un aeropuerto y devolverlo en el
otro. Hay muchos ferris para moverse por las islas, además de barcos de alquiler. **Tiempo** Junio es un mes
perfecto para la visita, ya que la temperatura es agradable y no suele llover. **Temperatura media** 22 °C.

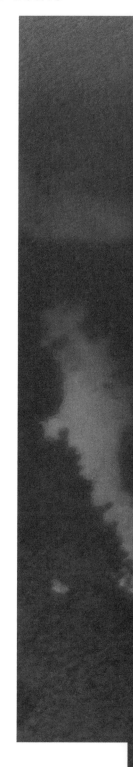

Veleros navegando
por las tranquilas
aguas que rodean
una diminuta y
remota isla junto
a la costa Dálmata

Manada de elefantes
deambulando por las
praderas del Parque
Nacional Kruger

PARQUE NACIONAL
KRUGER

África Sudáfrica
PARQUE NACIONAL KRUGER

POR QUÉ IR *Junio es ideal para hacer un safari por uno de los parques más espectaculares del mundo, ya que hay menos gente y hace menos calor.*

Amanece en el valle y los animales comienzan a bullir. En las praderas que rodean Satara pastan las cebras. Una pareja de jirafas, encorvadas como si fueran conscientes de su altura, avanzan con sorprendente elegancia. Se puede oír un rinoceronte moviéndose en el bosque. De repente, aparecen unas orejas apuntadas, posiblemente de un gran felino, entre la vegetación de la sabana, detrás de las cebras… El Parque Nacional Kruger se ha despertado.

  Este parque alberga más especies animales que cualquier otro del sur de África, y es uno de los mejores lugares del mundo para contemplar a los 5 Grandes. Su extraordinaria diversidad de fauna se debe a sus variados hábitats. Por el bosque ribereño merodean los rinocerontes blancos. Al norte del río Olifants, en el seco y polvoriento altiplano, pasean los elefantes. Y en las llanuras al sur del río, las cebras, jirafas y antílopes se reparten por la sabana. Es sin duda el mejor espectáculo del mundo.

Otros meses para ir
Febrero Las temperaturas son más suaves, pero el parque se llena de expediciones y safaris.

PLANIFICA TU VIAJE **Llegada** Este parque está a unos 500 km de Johanesburgo, en cuyo aeropuerto internacional O. R. Tambo aterrizan la mayoría de vuelos. **Desplazamientos** Lo mejor es moverse en coche. **Tiempo** Junio está dentro de la temporada baja y el tiempo es seco, soleado y fresco (por la noche hace frío). **Temperatura media** 17 °C.

LOS 5 GRANDES

1 Los **leones** son sin duda uno de los protagonistas de este parque, que alberga una de las mayores poblaciones de África. Al amanecer y al atardecer es cuando hay más probabilidades de verlos o escucharlos.

2 Los **búfalos**, los más numerosos de los 5 Grandes, se mueven en grupos de 10 a 20 ejemplares. Son corpulentos y tienen un carácter impredecible. A veces se los ve enfrentándose a los leones, algo que resulta increíble.

3 Los **rinocerontes**, al contrario que el resto de los 5 Grandes, son animales solitarios. Es posible ver rinocerontes blancos al sur de Kruger, donde hay distribuidos bebederos.

4 Los **elefantes** son animales sociales y viven en grupos dirigidos por una hembra –los machos abandonan la manada a los 12 años–. Se comunican con infrasonidos que viajan por el suelo.

5 Los **leopardos**, los más esquivos de los 5 Grandes, son animales nocturnos, silenciosos y bastante solitarios. Suelen subirse a los árboles *(abajo)* para escapar del peligro y guardar sus presas, así que conviene mirar hacia arriba.

// JULIO

Fragante campo
de lavanda en una
tranquila tarde de
verano en la Provenza

MONGOLIA

Asia
MONGOLIA

POR QUÉ IR *El tradicional festival de Naadam se celebra cada verano en toda Mongolia, pero los principales eventos tienen lugar en Ulán Bator.*

Ulán Bator está situada a los pies de una cadena montañosa y es, ante todo, un lugar remoto. Presenta muchas de las características de una ciudad moderna, pero su curiosa combinación de arquitectura soviética (vestigio de su historia prerrevolucionaria) y barrios con hileras de *gers* (tiendas nómadas tradicionales) le otorga un aspecto atractivo. No obstante, el principal objetivo de todo viaje a Mongolia es visitar la campiña. Gran parte de este vasto país es desierto y pradera, y la mayoría de sus habitantes siguen siendo pastores que viven de forma nómada.

El mejor momento del año para descubrir este estilo de vida tradicional es a mediados de julio, cuando se celebra el Naadam, un festival de tres días con diversas competiciones. Los mejores atletas del país participan en tres disciplinas clásicas mongolas: carreras de caballos, tiro con arco y lucha. En la estepa mongola, las carreras de caballos tienen lugar en la amplia pradera, sin seguir un trazado fijo. Ataviados al estilo de los guerreros de Genghis Khan, los hombres y mujeres que compiten en estas pruebas de resistencia y fuerza representan el espíritu guerrero que sigue formando parte del carácter mongol.

Otros meses para ir
Septiembre Temporada baja y temperaturas frescas. **Octubre** La provincia de Bayan-Ölgii celebra el Festival del Águila Dorada.

PLANIFICA TU VIAJE Llegada Los vuelos llegan al aeropuerto internacional de Gengis Kan, a 18 km de Ulán Bator. **Desplazamientos** Se pueden tomar vuelos nacionales o moverse en todoterreno. **Tiempo** En Mongolia el verano es breve y templado. **Temperatura media** 24 °C.

Jinetes mongoles
cabalgando por
la estepa durante el
festival de Naadam

América del Norte Estados Unidos
WASHINGTON, D. C.

WASHINGTON, D. C.

POR QUÉ IR *La capital estadounidense está de fiesta y su principal escenario es el National Mall, que se llena de música, artesanía, comida y actividades.*

En julio la ciudad ofrece su cara más animada con la celebración de dos eventos importantes. El Smithsonian Folklife Festival, gratuito y al aire libre, está dedicado al legado cultural y tiene lugar a finales de junio o principios de julio. Durante este festival, el National Mall se llena de músicos, artistas, cuentacuentos, cocineros y artesanos, lo que crea un ambiente muy colorido y animado. Luego llega la celebración del Día de la Independencia el 4 de julio, que inunda la ciudad de alegría y de fuegos artificiales sobre el Washington Monument.

Y cuando la agitación de estos días festivos ha desaparecido, sigue habiendo multitud de actividades atractivas, como los paseos en barcazas tiradas por mulas en el canal de Chesapeake (Ohio) o la visita al National Museum of African American History and Culture, que forma parte de la importante Smithsonian Institution. Esta ciudad histórica y bien organizada no es en absoluto aburrida, y tras su austera fachada se encuentra un corazón muy moderno.

Otros meses para ir

Marzo-abril Durante el National Cherry Blossom Festival, la ciudad celebra la floración de los cerezos del Mall.

PLANIFICA TU VIAJE **Llegada** La ciudad tiene tres aeropuertos internacionales: Dulles, Ronald Reagan Washington National Airport y Baltimore-Washington. **Desplazamientos** El metro y los autobuses son rápidos y baratos. **Tiempo** Caluroso y húmedo. **Temperatura media** 31 °C.

Suelta de globos alrededor del Capitolio durante el 4 de julio

El casco antiguo de Salzburgo dominado por la imponente fortaleza de Hohensalzburg

SALZBURGO

Europa Austria
SALZBURGO

POR QUÉ IR *Durante el Festival de Salzburgo, el ambiente nocturno de la ciudad es realmente elegante.*

En la cuna de Mozart, una elegante ciudad con chapiteles, cúpulas, llamativas plazas y fachadas de colores pastel, se escucha música por todas partes. Brota de los carillones, suena en la bella catedral e inunda las plazas adoquinadas en las que los músicos jóvenes improvisan conciertos. La ciudad acoge más de 4.000 actos culturales al año, pero las entradas más codiciadas son las del Festival de Salzburgo, que durante cinco semanas llena las salas de conciertos, palacios e iglesias con actuaciones de algunos de los mejores intérpretes del mundo. Las imágenes de Salzburgo y sus alrededores nunca dejarán de seducir, pero su alma siempre será la música.

Otros meses para ir
Enero Mozart nació un 27 de enero y la ciudad celebra su cumpleaños con una semana de conciertos.

PLANIFICA TU VIAJE **Llegada** Del aeropuerto W. A. Mozart sale un autobús en dirección a la estación de trenes y Mirabellplatz. **Desplazamientos** La ciudad se puede recorrer fácilmente a pie o en bicicleta. **Tiempo** Julio es un mes cálido, con mucho sol y chubascos. **Temperatura media** 27 °C.

PEMBROKESHIRE

Europa Gales
PEMBROKESHIRE

Arriba Abrupto litoral
cerca de St Davids,
Pembrokeshire

Derecha Caminando
por el Pembrokeshire
Coast Path; frailecillos

POR QUÉ IR *De tierra de guerreros, el suroeste de Gales
ha pasado a ser destino de aventureros. Julio es ideal para la
visita: días largos, un paisaje verde y acantilados de impresión.*

Gales, una tierra con valles verdes
y cumbres azotadas por el viento,
posee una gran belleza natural, aunque
gran parte de la atención se la lleven
las playas y el abrupto litoral de
Pembrokeshire, al suroeste de la región.
Los delfines brincan entre sus olas, las
focas duermen bajo los escarpados
acantilados y los frailecillos pasan el
verano en la isla Skomer.

Esta zona, por la que discurre un
tramo de 299 km del Wales Coast Path,
es destino de senderistas. El paisaje
cambia a cada paso mientras se avanza
por acantilados, playas y valles glaciares,
y hay refugios, casas particulares y
cabañas de pastores para alojarse.
Los anfitriones, famosos por su
amabilidad, se ofrecen en ocasiones a
trasladar el equipaje de los caminantes
hasta el siguiente destino.

Quienes busquen más adrenalina solo
tienen que ponerse un casco y un chaleco
salvavidas, buscar un guía y probar el
coastering, un deporte de aventura que
combina saltos al agua desde las alturas
y exploración de cuevas. Si se prefieren
los saltos profesionales, la laguna Azul
de Abereiddi suele albergar pruebas de
las Red Bull Cliff Diving World Series.
Y en el mar de Irlanda se practica desde
bodyboard hasta surf.

A la hora de comer, se puede degustar
la tierna carne de cordero local en un
gastropub, pedir la captura del día
en un *chippy* o probar el *laverbread,*
considerado el caviar de los galeses.

Otros meses para ir

Septiembre-noviembre En otoño
las crías de foca gris descansan en las
calas de Pembrokeshire.

PLANIFICA TU VIAJE Llegada Cardiff está a 2 horas en tren del centro de
Londres. Desde ahí, se puede llegar en tren o coche a la costa suroeste. **Desplazamientos**
Hay cinco autobuses costeros que recorren todo Pembrokeshire. **Tiempo** Los días suelen
ser cálidos, pero es habitual que llueva un poco. **Temperatura media** 20 °C.

Precioso atardecer sobre
el puerto de Porthgain,
Pembrokeshire

CÓRCEGA

Europa Francia
CÓRCEGA

POR QUÉ IR *El bello paisaje de esta isla es un destino ideal para el verano y resulta un telón de fondo perfecto para multitud de actividades.*

Córcega es un territorio envuelto en leyenda, una tierra con una misteriosa belleza y un abrupto paisaje. La cuarta isla más grande del Mediterráneo, donde antaño se creía que vivían gigantes y ogros, es un popular destino estival. Algo que no sorprende, ya que combina sol, pequeñas y atractivas localidades, frondosos bosques, ríos cristalinos y playas de arena blanca.

Pero Córcega no es un mero escenario, sino que invita a la exploración. Se puede cabalgar por las verdes colinas de la Castagniccia y las playas de arena de la preciosa costa oriental, o alquilar una bicicleta y buscar un bonito lugar para comer al aire libre. Muchos de los ríos de Córcega son espectaculares y perfectos para el piragüismo y el descenso de aguas bravas, y los numerosos senderos resultan ideales para descubrir algunas de las 2.000 especies de flora de la isla.

Si una vez satifechas las ganas de actividad, se quiere tomar el sol y disfrutar del mar, las opciones son también abundantes. Hay magníficas calas en el sur, como la bahía de Rondinara,

Amanecer sobre las abruptas Aiguilles de Bavella en Córcega

CÓRCEGA
EN FLOR

En mayo, cientos de flores silvestres autóctonas colorean el monte bajo de la isla e impregnan el aire con su aroma.

cuya fina arena blanca desciende hasta unas aguas increíblemente cristalinas, o se puede tomar un barco hasta la casi inaccesible playa Saleccia en el norte. Esta isla es realmente maravillosa.

Otros meses para ir
Mayo-junio A principios del verano la isla se encuentra más tranquila y el tiempo es ya magnífico, aunque un poco menos caluroso que en julio.

PLANIFICA TU VIAJE **Llegada** Córcega tiene cuatro aeropuertos: Ajaccio, Bastia, Calvi y Figari. **Desplazamientos** La forma más sencilla de moverse es en un coche alquilado. **Tiempo** Por lo general caluroso y seco, y en las montañas más fresco. **Temperatura media** 30 °C.

Hinojo Uno de los olores más intensos del monte bajo procede de las flores amarillas del hinojo silvestre, que suele usarse en platos locales.

Arrayán Este arbusto es símbolo del amor y la inmortalidad. Sus bayas, con las que se elabora el famoso *licòr di mortula*, son un ingrediente básico de la cocina corsa.

Retama A finales de primavera y principios de verano, la retama despliega su intenso color amarillo y su delicado perfume.

BERLÍN

Europa Alemania
BERLÍN

POR QUÉ IR *En julio la ciudad de Berlín se llena de banderas arcoíris para la celebración del día del orgullo, una fiesta que culmina con una de las marchas más numerosas y coloridas de Europa.*

Berlín ha sido un escenario de la vida LGTB+ en Alemania desde la instauración de la República de Weimar. Y si a esto se unen las desenfrenadas fiestas que han dado fama a la ciudad, se obtiene una de las mejores celebraciones del orgullo gay de Europa, y un mes de julio repleto de actividades. El principal evento es la marcha del orgullo a finales de mes, en la que participan unas 500.000 personas. Es una magnífica oportunidad para disfrutar de la creatividad y el carácter acogedor de los berlineses, tanto para quienes forman parte de la comunidad LGTB+ como para sus aliados.

El desfile parte de Kurfürstendamm, donde la música de los camiones y autobuses atrae a la multitud. Es un acto dedicado a la integración y la aceptación, así que no sorprende que sus participantes sean tan variados: aquí todo atuendo es bien recibido, desde vaqueros y camisetas a trajes completos de *drag*. La marcha empieza a mediodía, avanza por las principales avenidas de la ciudad y pasa frente a diversos edificios históricos hasta llegar a la puerta de Brandenburgo, donde se pronuncian emocionantes discursos.

Una vez que el evento oficial ha terminado, la fiesta continúa en clubes y bares de toda la ciudad. Para cuando todo el mundo regresa a casa, las calles ya están limpias, aunque la purpurita que queda entre los adoquines recuerda que los sueños surgidos en la ciudad en el periodo de Weimar siguen vivos.

Otros meses para ir
Mayo El frío invierno ha terminado y empieza a haber actividades al aire libre por toda la ciudad.

PLANIFICA TU VIAJE
Llegada Los aeropuertos de Tegel, a 12 km al noroeste de Berlín, y Schönefeld, a 18 km al sureste son accesibles en transporte público. La apertura del nuevo aeropuerto Berlin Brandenburg está proyectada para 2020, tras la que tal vez se cierre el de Tegel. **Desplazamientos** La red de transporte público incluye metro (U-Bahn) y cercanías (S-Bahn), autobuses y tranvías. **Tiempo** Cálido, soleado y con algunos chubascos. **Temperatura media** 23 °C.

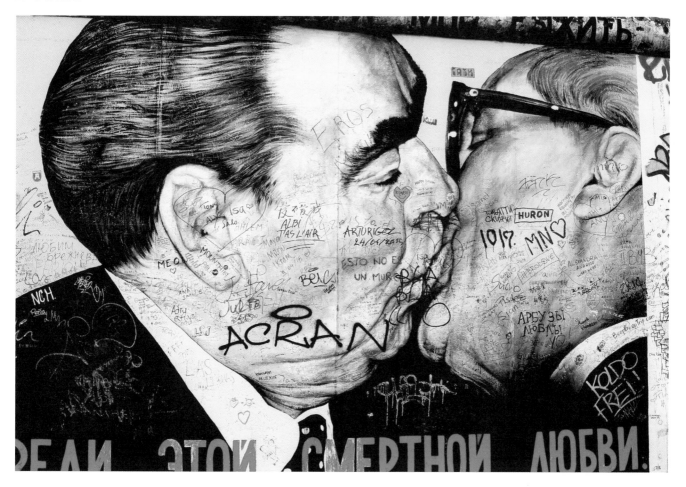

En el sentido de las agujas del reloj desde arriba *Dios mío, ayúdame a sobrevivir a este amor mortal* de Dmitri Vrubel, en el Muro de Berlín; bandera arcoíris frente a la torre de television de Berlín; disfrutando de la fiesta del orgullo

Europa Noruega
SVALBARD

POR QUÉ IR *Este helado territorio noruego disfruta de 24 horas de luz durante el verano ártico. Entre la impresionante fauna del archipiélago se incluyen osos polares, que pueden verse en julio.*

En julio Svalbard está bañado por la luz perpetua del verano y ofrece un inigualable espectáculo polar. Cuando los bloques de hielo se han retirado y la nieve ha desaparecido de las zonas bajas, llegan docenas de barcos, las aves migratorias regresan para anidar en los acantilados y las flores silvestres colorean la solitaria y desarbolada tundra de este archipiélago ártico.

La aventura por Svalbard comienza en la localidad de Longyearbyen, enclavada a los pies de dos glaciares a la entrada del valle de Adventdalen. De mediados de abril a octubre el sol permanece todo el día en el cielo, y tal vez por ello el ritmo de vida se anima en verano y los lugareños aprovechan para divertirse hasta altas horas. A las afueras de la ciudad, sin embargo, empieza el territorio salvaje, lo que genera una sensación de verdadera aventura. El intenso viento transporta los gritos de las aves marinas —frailecillos, araos, cormoranes, gaviotas— que anidan en los acantilados y crían a sus polluelos. Resulta maravilloso caminar por el litoral en busca de flores silvestres y vestigios oxidados de antiguos aventureros. Y además se puede divisar algún reno o zorro ártico. Aunque nada resulta tan emocionante como ver un oso polar avanzando pesadamente por la tundra helada, y dado que en esta zona hay más osos polares que personas, no resulta improbable.

Otros meses para ir
Septiembre Última oportunidad de ver osos polares antes de que el archipiélago se congele.

PLANIFICA TU VIAJE
Llegada El aeropuerto de Svalbard está en Longyearbyen, donde llegan vuelos desde Tromsø, 1.000 km al sur. **Desplazamientos** Lo mejor es unirse a un viaje organizado, o alquilar un coche. **Tiempo** Julio es un mes principalmente seco, pero frío y con vientos fuertes. **Temperatura media** 5 °C.

«*A las afueras de la ciudad, sin embargo, empieza el territorio salvaje, lo que genera una sensación de verdadera aventura*»

En el sentido de las agujas del reloj desde arriba a la izquierda
Osa polar con sus crías en un bloque de hielo en Spitsbergen, al noroeste de Longyearbyen; cascada formada por el deshielo estival en Svalbard; reno solitario en una pradera

PROVENZA

Europa Francia
PROVENZA

POR QUÉ IR *Cuando el verano alcanza su momento álgido, los campos de lavanda se tiñen de morado y el aire se impregna con su dulce aroma.*

Vastos campos de girasoles y lavanda iluminados por el sol del verano y en rectas hileras que se extienden hasta el horizonte: esta es la esencia de la Provenza. Julio es quizás el mes más bullicioso para visitar este rincón de Francia, pero también el más mágico, ya que en verano es cuando sus laderas se tiñen de bellos tonos morados. Para disfrutar de la clásica imagen de la región, lo mejor es dirigirse a la abadía de Notre-Dame de Sénanque, cuyos antiguos claustros aparecen envueltos por el color, el aroma y el zumbido de abejas de las flores. Otro de los destinos favoritos es la meseta de Valensole, donde se pueden recorrer en coche numerosos campos de girasoles y lavanda.

Otros meses para ir
Septiembre Cuando el bullicio del verano empieza a decaer, llega la vendimia.

PLANIFICA TU VIAJE **Llegada** Los principales aeropuertos son Marseille Provence y Nice Côte d'Azur. **Desplazamientos** La costa cuenta con una buena red de autobuses y trenes. **Tiempo** Caluroso y seco. **Temperatura media** 24 °C.

Hileras aparentemente infinitas de lavanda en flor en la meseta de Valensole

Derecha Disfrutando de las atracciones de Tivoli en una tarde de verano

Abajo Bicicletas y barcazas en Nyhavn, el canal más emblemático de Copenhague

COPENHAGUE

Europa Dinamarca
COPENHAGUE

POR QUÉ IR *La atractiva Copenhague se anima en julio, cuando los lugareños llenan los bonitos canales y parques repartidos por la capital danesa. En verano hay multitud de actividades para entretenerse, incluidos varios festivales de música.*

Nubes de ciclistas que se desplazan hábilmente por las calles y puentes de la ciudad, deteniéndose de vez en cuando a charlar y tomar un café. Los numerosos parques de la ciudad repletos de gente que disfruta de una comida al aire libre, pasea al perro, juega al *frisbee* y pone en práctica el arte danés del *hygge*. Atractivos canales bordeados de antiguas barcazas y llenos de lugareños y turistas que acuden a comer, beber y arreglar el mundo, mientras en las zonas reservadas para el baño se escuchan chapoteos y risas. Bienvenido a la maravillosa Copenhague.

Ningún viaje a Copenhague estaría completo sin una visita a Tivoli, un parque con más atracciones de las que se puede disfrutar en un día –desde tiovivos hasta montañas rusas–, además de conciertos, restaurantes y jardines que en julio se cubren de flores. Y al atardecer, miles de luces convierten Tivoli en un cuento de hadas.

Esta ciudad mágica, con sus calles medievales y barrios modernos, también acoge multitud de festivales en julio. Durante el Festival de Ópera de Copenhague, el Festival de Roskilde y el Festival de Jazz de Copenhague, la música llena las calles hasta altas horas de la noche. Así que lo mejor es buscar asiento, acomodarse y disfrutar.

Otros meses para ir
Octubre Halloween en Tivoli y los colores del otoño por toda la ciudad.

PLANIFICA TU VIAJE Llegada Copenhague tiene magníficas conexiones por avión, tren, carretera y mar. Del aeropuerto de Kastrup salen trenes que llegan al centro en 15 min. **Desplazamientos** Hay una magnífica red de transporte público con autobuses, metro, autobuses acuáticos, trenes y bicicletas. **Tiempo** Julio suele ser el mes más soleado, con días largos y temperaturas suaves. **Temperatura media** 22 °C.

// AGOSTO

Vapor saliendo del géiser
Castle en el Parque
Nacional de Yellowstone

BOROBUDUR

Asia Indonesia
BOROBUDUR

POR QUÉ IR *Cuando terminan las lluvias, el cielo se despeja y proporciona un maravilloso telón de fondo a este sublime monumento.*

Borobudur permanece oculto mientras se atraviesan las plantaciones y arrozales del centro de Java, y solo al llegar a su entrada se divisa de repente entre los malinches y palmeras. Es uno de los mayores monumentos religiosos del mundo –incluye nueve plataformas, torres, nichos e innumerables estupas– y destaca por sus cinco niveles de sublimes tallas. Examinar las imágenes de los niveles inferiores, con escenas de la vida cotidiana en el siglo VIII y dedicatorias a la vida del Buda, implica una larga caminata. Las estupas más pequeñas de los niveles superiores contienen budas meditando, sin embargo la estupa central, en lo más alto de todo, aparece misteriosamente vacía, lo que sugiere el nirvana o estado último de la nada. Al emerger de ella, con solo el cielo por encima, y por debajo las llanuras extendiéndose hacia el impresionante volcán Merapi, el más activo del planeta, uno se siente repentinamente liberado. Puede que la serenidad dure poco –es el destino más popular del país–, pero mientras se regresa a través del paisaje tropical, es imposible no sentir que se ha disfrutado de una visión divina.

Otros meses para ir
Octubre Aún no ha comenzado la temporada de lluvias, pero los alrededores ya están verdes y frondosos.

Atardecer en el majestuoso Borobudur, un templo budista de los siglos VIII-IX

PLANIFICA TU VIAJE **Llegada** Los vuelos internacionales llegan a Yakarta, que está comunicada con los aeropuertos de Solo y Yogyakarta. **Desplazamientos** Contratar una visita guiada en Yogyakarta. **Tiempo** Cálido y húmedo. **Temperatura media** 27 °C.

LUCERNA

Europa Suiza
LUCERNA

POR QUÉ IR *Merece la pena que la visita a esta ciudad medieval coincida con su festival de música clásica.*

Pocas ciudades con festivales ofrecen una ubicación como la de Lucerna, a orillas de un lago y rodeada de montañas. La ciudad goza de una consolidada reputación como destacado centro de música clásica y contemporánea y su festival anual, un impresionante despliegue de conciertos sinfónicos, galas y óperas, atrae a miles de amantes de la música.

Y para contrarrestar el cansancio del festival, lo mejor es una excursión al monte Pilatus. Tras alcanzar su cima en el tren de cremallera más empinado del mundo, la panorámica te deja boquiabierto –praderas cubiertas de flores que descienden hasta la ciudad lacustre, donde al atardecer comienzan a encenderse las luces–.

Otros meses para ir
Febrero-marzo Los suizos se disfrazan y se ponen máscaras para disfrutar de la diversión y la música del *fasnacht*.

PLANIFICA TU VIAJE **Llegada** Volar a Zúrich y luego continuar en coche o tren.
Desplazamientos Lo mejor es recorrer Lucerna a pie.
Tiempo Cálido y con algunos días nubosos.
Temperatura media 25 °C.

El pintoresco puente de la Capilla sobre las limpias aguas del río Reuss en Lucerna

Europa Alemania
SELVA NEGRA

SELVA NEGRA

POR QUÉ IR *Agosto es el mes ideal para visitar la Selva Negra, ya que los días son largos, cálidos y soleados –lo mejor para recorrer las colinas y montañas–.*

El Schwarzwald (Selva Negra) es el típico bosque de cuento de hadas. En él se encuentra un maravilloso paisaje con ondulantes colinas, cadenas montañosas, profundas gargantas fluviales, lagos de aguas cristalinas perfectos para darse un refrescante chapuzón y acogedores pueblos.

Esta zona es un paraíso para los aficionados a las actividades al aire libre que busquen aventura y, por supuesto, hay cientos de kilómetros de senderos bien señalizados. Muchos siguen rutas centenarias que recorren los valles boscosos y atraviesan encantadores pueblos y lagos glaciares. La Selva Negra también es famosa por sus manantiales termales y aguas medicinales. Aquí es posible relajarse en el vapor de una sauna o simplemente dejarse flotar en un *jacuzzi*.

Otros meses para ir
Julio Los días calurosos y sofocantes se transforman en tormentas que proporcionan increíbles fotografías. **Diciembre** Hay mercados navideños en muchas localidades de la región.

PLANIFICA TU VIAJE Llegada Volar a Frankfurt y luego continuar hasta Baden-Baden, cerca de la Selva Negra. **Desplazamientos** En los excelentes trenes de Alemania o en un coche de alquiler. **Tiempo** Sol y temperaturas suaves. **Temperatura media** 20 °C.

Bruma matinal
sobre la Selva Negra

PARQUE NACIONAL DEL MANÚ

América del Sur Perú
PARQUE NACIONAL DEL MANÚ

POR QUÉ IR *El Parque Nacional del Manú está considerado la zona protegida con más biodiversidad del planeta. Las rutas de senderismo solo suelen ser accesibles en temporada seca.*

Considerado el mayor parque tropical de América del Sur, alberga una extraordinaria variedad de flora y fauna: más de 850 especies de aves, 200 especies de mamíferos y más de 15.000 especies vegetales, todas ellas protegidas gracias a la inaccesibilidad de la zona y el control del número de visitantes. No está permitida ninguna actividad comercial y no es posible alojarse dentro del parque, por lo que hay que pernoctar en rústicos alojamientos (accesibles solo en barco y sin electricidad o con muy poca).

Recorrer los boscosos senderos en busca de tapires y el esquivo jaguar despierta la parte más aventurera.

Y en el río, las barcas se quedan en silencio mientras todo el mundo espera con el aliento contenido a que emerja del agua la cabeza de una nutria gigante o a que aparezca un caimán negro entre el barro. A medida que se penetra en la reserva a bordo de una canoa, el follaje se vuelve más denso, la humedad más intensa y el ruido de los monos, las aves y los insectos es ensordecedor. Esta gigantesca selva es el destino perfecto si lo que se busca es naturaleza en estado puro.

Otros meses para ir

Noviembre Al inicio de la temporada lluviosa pueden verse más anfibios.

PLANIFICA TU VIAJE **Llegada** Volar a Lima y luego hasta Cuzco. Un último y breve vuelo en avioneta conduce a los visitantes hasta Boca Manú y una travesía de 90 min por el río Madre de Dios en una canoa a motor los lleva hasta el alojamiento. **Desplazamientos** En el parque todos los desplazamientos por tierra o agua se realizan con un guía. **Tiempo** La temporada seca puede resultar bastante húmeda. **Temperatura media** 18-31 °C.

«En el río, las barcas se quedan en silencio mientras todo el mundo espera con el aliento contenido a que emerja del agua la cabeza de una nutria gigante»

Arriba Las frondosas montañas del Manú

Izquierda Coloridos guacamayos sobre una colpa; esquivo jaguar

PARQUE NACIONAL
DE YELLOWSTONE

América del Norte Estados Unidos

PARQUE NACIONAL DE YELLOWSTONE

POR QUÉ IR *En agosto es cuando mejor tiempo hace y aunque sea la época con más visitantes, se pueden evitar las multitudes eligiendo itinerarios menos habituales.*

Hace más de medio millón de años, una colosal erupción volcánica cubrió de ceniza el oeste de América del Norte y formó una gigantesca caldera de 72 × 50 km. Esa caldera, situada al norte del monte Grand Teton, está cubierta actualmente por frondosas praderas y alberga una increíble diversidad de fauna. Los turbulentos ríos, lagos color azul y cumbres nevadas sirven de telón de fondo a un sobrenatural paisaje de humeantes fumarolas, géiseres, burbujeantes piscinas de barro y manantiales termales de intenso color. Así es el Parque Nacional de Yellowstone.

Aunque en agosto acudan muchos visitantes, descubrir la verdadera belleza natural de Yellowstone es tan fácil como abandonar las rutas más frecuentadas en cualquier punto del parque. Los 2.000 km de senderos que recorren las praderas, mesetas, pinares y terrazas calizas proporcionan multitud de oportunidades para disfrutar de la soledad. El camino que recorre la vertiente sur del cañón del río Yellowstone al este del bullicioso Artist Point asciende por una breve y pronunciada pendiente que permite alejarse de las multitudes. La ruta avanza por el borde del cañón y ofrece maravillosas vistas del río y diversas cascadas, que siguen resultando tan impresionantes como cuando se descubrió la zona por primera vez.

Otros meses para ir

Mayo Para evitar las multitudes y visitar el parque tras el cierre invernal. También es un momento ideal para ver fauna, como crías de bisonte y oso.

PLANIFICA TU VIAJE **Llegada** El aeropuerto internacional más cercano al Parque Nacional de Yellowstone es el de Salt Lake City, en Utah; también se puede volar a los aeropuertos regionales de Wyoming, Montana o Idaho. **Desplazamientos** Alquilar un coche en Salt Lake City para recorrer los 515 km hasta Yellowstone. **Tiempo** En agosto los días son largos y cálidos y suele haber tormentas. **Temperatura media** 30 °C.

RUTAS A PIE POR EL PARQUE

1 El Old Faithful es el géiser más famoso del parque, pero hay más. Por el sendero que recorre la zona geotermal de **Norris Geyser Basin** se encuentran algunos de aguas ácidas, como el Echinus Geyser.

2 En la ruta de **Hayden Valley**, entre el lago Yellowstone y el Gran Cañón del Yellowstone, se encuentran bisontes, osos pardos y alces.

3 El **Trout Lake Loop**, frecuentado por familias, es ideal para avistar animales. En verano pueden verse nutrias jugando en el agua.

4 Por el borde del Gran Cañón del Yellowstone discurren rutas para todos los niveles. El **Artist Point Trail** ofrece vistas especialmente bellas del cañón y las Lower Yellowstone Falls.

5 Desde la ruta de **Avalanche Peak** se divisan las cumbres más altas del parque. Julio y agosto, entre las temporadas de nieve y osos, son los mejores meses para hacerla.

CONSEJO

Los centros de visitantes proporcionan abundante información sobre el parque. Conviene pedir mapas y folletos, consultar dónde se pueden localizar animales y echar un vistazo a las muestras sobre historia, geología y fauna de Yellowstone.

«Los turbulentos ríos, lagos color azul y cumbres nevadas sirven de telón de fondo a un paisaje sobrenatural»

En el sentido de las agujas del reloj desde arriba Vista aérea del Grand Prismatic Spring; Mammoth Hot Springs; bisontes pastando en la pradera bajo el monte Grand Teton

Recorriendo en kayak las aguas heladas del impresionante Parque Nacional de la Bahía de los Glaciares

PARQUE NACIONAL DE LA BAHÍA DE LOS GLACIARES

América del Norte Estados Unidos
PARQUE NACIONAL DE LA BAHÍA DE LOS GLACIARES

POR QUÉ IR *La posibilidad de avistar ballenas es mayor en verano, cuando estos cetáceos regresan a Alaska tras pasar el invierno en climas más cálidos.*

Existen pocas imágenes comparables a la de un gran bloque de hielo cayendo al mar o la de una ballena desafiando la gravedad al elevarse sobre la superficie del agua, pero estas escenas son habituales en la bahía de los Glaciares de Alaska.

En este cambiante paisaje con glaciares, cumbres nevadas y aguas heladas, habita una abundante fauna. En un buen día, se pueden divisar ballenas lanzando chorros de agua, escuchar los chillidos de las aves marinas, contemplar los juegos de las nutrias de mar, admirar el vuelo de las águilas calvas e incluso divisar algún oso pardo. Pero lo más emocionante es ver cómo se desprende un bloque de hielo del glaciar y se desliza en silencio hasta el mar. Acto seguido se oye el estruendoso crujido del hielo al romperse, y el oleaje que provoca mueve el barco como un corcho.

Otros meses para ir
Abril Se puede visitar la bahía de los Glaciares y asistir al Alaska Folk Festival de Juneau, un festival con conciertos y baile.

PLANIFICA TU VIAJE **Llegada** Volar del aeropuerto internacional de Juneau a Gustavus, a 16 km de la oficina del parque en Bartlett Cove. También hay ferris, pero muchos visitantes llegan en cruceros. **Desplazamientos** Lo mejor es recorrer la bahía en un crucero, barco turístico o kayak. **Tiempo** Fresco, a menudo lluvioso y con algunos periodos soleados. **Temperatura media** 14 °C.

KANDY

ELLA

Asia Sri Lanka
DE KANDY A ELLA

POR QUÉ IR *El tren del té de Kandy a Ella ofrece una atractiva combinación de bello paisaje y sociabilidad esrilanquesa. En agosto las lluvias han amainado y se puede disfrutar de la vista sin problemas.*

Existen pocas cosas que merezcan ser calificadas como las más bellas del mundo, pero el recorrido en tren por las tierras altas de Sri Lanka es una de ellas. Esta región está cubierta de montañas, ondulantes laderas con frondosas plantaciones de té y turbulentas cascadas, y no hay nada como verla a través de la ventanilla de un tren.

Construida para transportar el té de las colinas a la capital del país, Colombo, esta serpenteante línea férrea se ha convertido en un atractivo turístico. El recorrido de Kandy a Ella dura unas 7 horas, pero el tramo de 4 horas de Hatton a Ella, en el punto más alto de la vía, es el más atractivo. A medida que el tren asciende pacientemente, se van desplegando panorámicas cada vez más impresionantes de las escarpadas colinas. Y por todas partes hay té: la extensión aparentemente infinita de verdes arbustos cubre pendientes imposibles, salpicada de diminutas figuras de recolectores tamil encorvados sobre los cultivos. A lo largo del recorrido por los valles, se divisan docenas de cascadas en las paredes de roca, sobre las

que el paisaje queda desdibujado por la lechosa bruma y las nubes.

Por todo el trayecto hay pintorescas estaciones con carteles originales pintados a mano y accesorios del periodo colonial en las que se hacen paradas regulares. A los vagones se acercan vendedores agitando piñas de plátanos y montañas de samosas recién hechas, antes de que un ensordecedor toque de silbato anuncie el momento de la partida y el tren reinicie su lento avance.

Otros meses para ir
Abril La región se anima con la celebración del Año Nuevo cingalés-tamil, una fiesta que se prolonga diez días.

PLANIFICA TU VIAJE **Llegada** Volar al aeropuerto internacional de Colombo. **Desplazamientos** Tomar el tren de Colombo a Kandy y luego a Ella. Los billetes se ponen a la venta 30 días antes de la salida; conviene reservar. **Tiempo** Cálido y con chubascos; noches frescas. **Temperatura media** 25 °C.

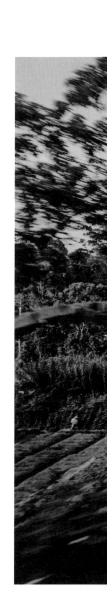

Derecha Recolectando té
en las tierras altas; horario
en la estación de Kandy

Abajo Disfrutando de
la vista en el tren del té
de Kandy a Ella

El hermoso lago Bled,
rodeado por los
Alpes julianos,
es un destino ideal
para las actividades
al aire libre

ESLOVENIA

Europa
ESLOVENIA

POR QUÉ IR *Los días largos y cálidos del verano permiten realizar actividades al aire libre y disfrutar al máximo del bello paisaje esloveno.*

Eslovenia, un país con cumbres nevadas, centelleantes lagos, cascadas y valles glaciares, alberga infinidad de rincones fotogénicos. Uno de sus lugares más emblemáticos es el lago Bled, descrito por el poeta esloveno France Prešeren como «este segundo edén, lleno de encanto y elegancia». Una afirmación con la que resulta difícil discrepar tras contemplar la iglesia que se alza en la isla del lago, bajo el castillo de Bled y las cimas de los Alpes julianos.

Sin embargo, lo más atractivo de un viaje a Eslovenia es su maravillosa naturaleza, donde se pueden practicar actividades al aire libre como senderismo, bicicleta de montaña, espeleología y piragüismo. En Triglav, el único parque nacional del país, ascender los 2.864 m hasta la cima del monte homónimo es una especie de rito de iniciación para los eslovenos, así que, ¿por qué no unirse a ellos? En el cercano Bohinj se encuentran más paisajes vírgenes y el lago glaciar Bohinj, el mayor de Eslovenia. Esta impresionante masa de agua alpina está rodeada por descomunales montañas, y en los largos días de verano se puede disfrutar de pintorescas travesías en barco y

deportes como parapente, piragüismo y paseos a caballo.

Al sur de los Alpes julianos, en el valle del Soča, espera un verdadero paraíso acuático, al que acuden aficionados al descenso de aguas bravas de toda Europa atraídos por las aguas color esmeralda del río Soča, que fluye entre abruptas montañas y frondosos bosques. Quienes no busquen sensaciones tan fuertes pueden optar por un recorrido en piragua o bicicleta de montaña. Sea cual sea la actividad que se elija, está garantizada una inolvidable aventura alpina.

Otros meses para ir
Octubre Se puede disfrutar de los espectaculares colores del otoño y aprovechar la vendimia para degustar los vinos del país.

PLANIFICA TU VIAJE **Llegada** Los vuelos internacionales aterrizan en la capital, Ljubliana. **Desplazamientos** La eficiente red de autobuses comunica la mayoría de destinos con Ljubliana; los trenes son más limitados. Conviene alquilar un coche. **Tiempo** Los días son cálidos, pero a gran altitud puede hacer bastante frío. **Temperatura media** 25 °C.

ZONAS DE BAÑO NATURALES

Las cristalinas aguas de los lagos, ríos y cascadas de Eslovenia resultan magníficas para disfrutar de un refrescante chapuzón.

El **lago Bled** es el más emblemático de Eslovenia. La zona delimitada para el baño está próxima a la magnífica roca del castillo.

El **lago Podpeško**, a solo 15 km al sur de Ljubliana, es el preferido por los eslovenos, además del más profundo de Eslovenia.

El **lago Jasna** está formado por dos pequeños lagos artificiales. La vista desde este lago alpino, rodeado por un abrupto y montañoso paisaje, resulta espectacular.

MOZAMBIQUE

Derecha Practicando
esnórquel en un
arrecife de coral; ballena
jorobada junto a la costa;
delfines mulares

Abajo Aguas azules
y arena dorada
en el archipiélago
de Bazaruto

África
MOZAMBIQUE

POR QUÉ IR *Merece la pena visitar*
Mozambique en agosto para ver ballenas
jorobadas y delfines.

Mozambique, uno de los destinos más desconocidos
del sur de África, está adquiriendo fama rápidamente
como meca del buceo. Su magnífico litoral, con más
de 2.000 km de longitud y numerosas islas, alberga
una abundante vida marina y arrecifes de coral
perfectos para una aventura submarina.

Uno de sus principales destinos es el archipiélago
de Bazaruto. A vista de pájaro, aparece como
un remolino de tonos azules y verdes que contrasta
con el blanco resplandeciente de los bancos de
arena y las playas. En el agua, las ballenas
jorobadas y los delfines comparten espacio con
una impresionante variedad de peces tropicales.
Mozambique sigue siendo una joya poco visitada
en un vasto continente, y sus numerosos tesoros
resultan espectaculares.

Otros meses para ir
Septiembre Durante la temporada seca se puede
seguir disfrutando de unas vacaciones de playa.

PLANIFICA TU VIAJE **Llegada** Volar a
Johanesburgo y luego a Maputo, capital de Mozambique.
Desplazamientos Hay vuelos nacionales que comunican
Maputo con el archipiélago de Bazaruto. **Tiempo** Soleado,
seco y cálido. **Temperatura media** 24 °C.

// SEPTIEMBRE

Globo aerostático
sobre las gigantescas
dunas del Parque
Namib-Naukluft,
Namibia

Europa Alemania
MÚNICH

MÚNICH

POR QUÉ IR *El Oktoberfest, la mayor fiesta de la cerveza del mundo, es una ruidosa pero magnífica muestra de* Gemütlichkeit *(sociabilidad) alemana que incluye cerveza,* bretzel *(lazos de pan) y diversión.*

A pesar de su nombre, el Oktoberfest suele empezar en septiembre. Durante dieciséis días, Múnich se mueve al ritmo de las bandas de *oompah*, el tintineo de las jarras de cerveza y un constante coro de *prost!* (salud). Más de seis millones de personas ataviadas con los típicos *dirndl* y *lederhosen* acuden a la ciudad para beberse unos seis millones de litros de cerveza. Las principales carpas reciben tanto público que es necesario reservar para que te sirvan, algo de esperar en una fiesta de tal calibre.

Otros meses para ir
Diciembre Marienplatz, la plaza mayor de la ciudad, alberga uno de los mercados navideños más bellos de Alemania.

PLANIFICA TU VIAJE Llegada El aeropuerto internacional de Múnich está bien comunicado. **Desplazamientos** Recorrer el centro a pie. **Tiempo** Soleado y seco. **Temperatura media** 16 °C.

Ostras frescas
aliñadas con limón

Bebiendo cerveza
en una de
las carpas más
populares
del Oktoberfest

Europa Irlanda
GALWAY

GALWAY

POR QUÉ IR *La ciudad de Galway celebra un festival gastronómico a finales de septiembre en el que se pueden degustar ostras y cerveza negra.*

Durante los cuatro días que dura el Festival Internacional de la Ostra y el Marisco de Galway, el énfasis está puesto en la diversión, la comida y, por supuesto, la cerveza Guinness, que es la bebida nacional. La principal atracción son las ostras, cuidadosamente seleccionadas en las bateas de las limpias aguas de la bahía de Galway, donde aún crecen ostras autóctonas salvajes.

El sábado por la tarde se celebra el Campeonato Mundial de Apertura de Ostras, cuyos participantes abren moluscos frenéticamente para tratar de batir el récord Guinness. Los tres días restantes, los asistentes al festival pueden degustar las suculentas y saladas ostras en la carpa del festival mientras escuchan música en directo o contemplan cómo alguno de los mejores cocineros del país

enseña la manera de preparar este decadente molusco. Pero no todo son ostras. El festival ofrece charlas gastronómicas sobre diversos temas y algunos de los mejores restaurantes de Galway organizan degustaciones durante los días del festival. Tampoco hay que perderse la mascarada carnavalesca que convierte el paseo desde Spanish Arch hasta Nimmo's Pier —donde se encuentra la carpa— en un desfile de zapatos de tacón y alta costura. En este festival hay suficiente *craic* para todos, ya sea bebiendo, bailando o comiendo ostras.

Otros meses para ir
Julio Irlanda disfruta de su momento más cálido del verano y el Galway International Arts Festival reúne a actores, músicos y artistas en la ciudad.

PLANIFICA TU VIAJE Llegada El aeropuerto de Galway está a 10 km del centro de la ciudad y recibe vuelos nacionales desde el aeropuerto de Dublín. **Desplazamientos** Hay taxis y autobuses, pero el centro se puede recorrer fácilmente a pie. **Tiempo** Por lo general suave, pero no es raro que llueva. **Temperatura media** 12 °C.

PARQUE NAMIB-NAUKLUFT

África Namibia
PARQUE NAMIB-NAUKLUFT

POR QUÉ IR *En plena temporada seca, la fauna de Namibia se concentra en torno a los escasos ríos y abrevaderos, lo que convierte septiembre en un mes perfecto para visitar su paisaje lunar.*

Namibia es uno de los países menos poblados del planeta y su inmenso territorio está dominado por el desierto del Namib, cuyo reseco suelo arenoso recibe menos de 25 mm de lluvia al año. Dada su aridez, resulta difícil calificar el paisaje namibio de hermoso, pero su inmensidad, su devastada majestuosidad, resultan impresionantes y te empequeñecen.

Dentro de los 50.000 km² del Namib-Naukluft, uno de los mayores parques nacionales de África, se encuentra Sossusvlei, donde están las dunas más altas del mundo. Las crestas curvadas de estas onduladas montañas color albaricoque se elevan sobre varios salares que se llenan de agua una o quizás dos veces cada década. Esta zona alberga también el Deadvlei, en cuyo fondo de barro resquebrajado hay un espectral bosque que recuerda los días en que este antiguo lago recibía agua con más regularidad. Al atardecer, tal vez se vea una manada de órices avanzando majestuosamente por la cresta de una duna, una familia de suricatos oteando el horizonte bajo la luz mortecina o un árbol de la aljaba recortado sobre el sol que desaparece. El aire limpio y susurrante del desierto y la ausencia de fuentes de luz convierten el cielo nocturno del Namib en un espectáculo de sobrecogedora belleza. Igual de impresionante es el silencio del desierto en una noche sin viento: tan cerca de ser absoluto que resulta casi palpable, una presencia envolvente rota en ocasiones por el suave ruido de un gecko o el enloquecido y lejano chillido de una hiena o un chacal.

Otros meses para ir
Marzo-abril El Windhoek Karneval (WIKA), el principal evento del calendario namibio, incluye un desfile, música y un baile de máscaras. Su origen se remonta a la etapa del país como colonia alemana.

Esqueleto de un árbol muerto sobre el fondo de arcilla blanca de Deadvlei

PLANIFICA TU VIAJE **Llegada** El aeropuerto internacional de Namibia, Hosea Kutako, está a 46 km de la capital, Windhoek. **Desplazamientos** Es imprescindible un coche, incluso dentro del parque nacional. Las ciudades de Windhoek y Swakopmund, al norte, están comunicadas por carretera y por vuelos diarios. **Tiempo** Seco y agradablemente cálido. Frío por la noche y por la mañana. **Temperatura media** 25 °C.

VERMONT

América del Norte Estados Unidos
NORESTE DE VERMONT

POR QUÉ IR *El intenso colorido otoñal de Vermont resulta un verdadero espectáculo. Y en el remoto y abrupto Reino del Noreste, se puede disfrutar de él sin multitudes.*

Con sus bucólicas montañas y ondulantes colinas, Vermont es uno de los rincones más espectaculares de Estados Unidos. Esta zona ha sido bendecida con abundantes arces azucareros, que no solo producen el famoso sirope de arce de Green Mountain State, sino que aportan el característico color rojizo que convierte la región en uno de los destinos más coloridos del otoño.

Un recorrido en coche por el noreste de Vermont, denominado el Reino por los locales, permite disfrutar del escarlata y anaranjado de los arces noruegos, el rojo intenso de los arces azucareros y el luminoso amarillo de los abedules, hayas y alisos. Aquí es donde el espectáculo del cambio de estación resulta más impresionante. Pero el noreste de Vermont ofrece mucho más que magníficas vistas desde el coche.

También se encuentran puestos repletos de productos recién recolectados en las granjas, restaurantes que aprovechan al máximo los ingredientes locales, pintorescas tiendas y atractivas tabernas, sin olvidarse de los numerosos museos y anticuarios.

Uno de los eventos destacados es el Northeast Kingdom Foliage Festival, una fiesta anual que recala en varias localidades a lo largo de una semana entre finales de septiembre y principios de octubre. Cada ciudad ofrece en su día correspondiente todo tipo de actividades, desde paseos guiados por el cementerio de Peacham hasta degustaciones de quesos artesanos en Cabot, todo enmarcado por los colores del otoño.

Otros meses para ir
Febrero La temporada de esquí está en su momento de apogeo.

Arriba Espectacular colorido a orillas del lago Long Pond, Greensboro

Derecha Maíz recién recolectado; caminando por el bosque de Vermont; colores otoñales en Peacham

PLANIFICA TU VIAJE Llegada El principal aeropuerto de Vermont está en Burlington, a 124 km de St Johnsbury. Al aeropuerto de Boston, a 240 km, llegan más vuelos internacionales. **Desplazamientos** Alquilar un coche es la mejor opción para recorrer este arbolado rincón de Nueva Inglaterra. **Tiempo** Suave, pero cambiante. **Temperatura media** 18 °C.

Típico *gulet*
de madera en una
recóndita bahía
en el suroeste
de Turquía

YACIMIENTOS

La antigua Licia comprendía diecinueve ciudades de montaña. Las ruinas de estos asentamientos resultan impresionantes.

Myra *(arriba)* era una antigua ciudad griega cuyos habitantes veneraban a la diosa Artemisa. La acrópolis, los baños y el anfiteatro son realmente hermosos; en el teatro pueden verse máscaras labradas en relieve.

Pinara tiene un ambiente misterioso y ofrece un precioso recorrido por un entorno impregnado de aroma a pino. El anfiteatro, en la base de la antigua ciudad, es impresionante, igual que las tumbas salpicadas por las laderas.

Letoon era un antiguo santuario griego en el que se veneraba a Leto y a sus hijos Apolo y Artemisa. Sus ruinas, repartidas por el paisaje, ofrecen una imagen romántica.

Xanthos era la capital de Licia. El yacimiento alberga una espectacular colección de ruinas *(abajo)*, entre las que se incluyen ejemplos de tumbas licias.

COSTA LICIA

Europa Turquía
COSTA LICIA

POR QUÉ IR *Aunque el verano esté acabando, el mar sigue cálido, así que es un momento ideal para recorrer los acantilados y bahías de la espectacular costa licia de Turquía.*

El suroeste de Turquía concentra más ruinas antiguas que cualquier otra región del mundo. Desde tiempos inmemoriales, conquistadores, comerciantes y viajeros han puesto rumbo hacia estos imponentes monumentos, que siguen resultando impresionantes. Las majestuosas construcciones se alzan imponentes sobre el entorno, ocupadas por flores silvestres y mariposas, y no existe mejor forma de admirarlas que desde un *gulet*, un velero turco de madera.

Mientras se navega tranquilamente frente a los yacimientos y las colinas cubiertas de pinos, se puede contemplar el baile del sol sobre la superficie del mar y disfrutar de un pescado cocinado a bordo. También es posible hacer paradas de vez en cuando para darse un baño o atracar en un bonito pueblo. Y tal vez a la vuelta de la siguiente lengua de tierra espere una cala resguardada o una playa bajo un acantilado. En contraste con los antiguos y descoloridos bloques de piedra, el azul del Mediterráneo se muestra resplandeciente y los *gulets* que avanzan lentamente por él aparecen desdibujados por el intenso calor de la tarde.

Cuando el día empieza a desvanecerse, los autocares desaparecen y las ruinas quedan de nuevo desiertas. Recortado sobre el cielo cada vez más oscuro, el paisaje parece eterno e imperecedero, seguramente como hace milenios.

Otros meses para ir
Abril El tiempo es igualmente agradable y las laderas de las colinas están llenas de flores.

PLANIFICA TU VIAJE **Llegada** Hay aeropuertos internacionales en Antalya, Bodrum, Dalaman e İzmir. **Desplazamientos** Se pueden reservar cruceros en *gulet* (barco turco tradicional) privados o en grupo. **Tiempo** En septiembre los días son cálidos y soleados. **Temperatura media** 24 °C.

Europa Inglaterra
LONDRES

POR QUÉ IR *Aunque el verano haya terminado, Londres sigue ofreciendo multitud de actividades, entre ellas fabulosos festivales.*

La pomposa y protocolaria Londres es ahora una capital cosmopolita. Por cualquier lado se encuentran ejemplos de pueblos y culturas de todos los rincones del planeta, incluidas las deslumbrantes fiestas caribeñas y los inmejorables *bagels* con ternera de Brick Lane.

Cuando el largo verano llega a su fin, Londres sigue animada. Los días son cálidos, los parques resultan apacibles y el murmullo de los pubs inunda las aceras. Quedan varias semanas de teatro al aire libre en el Shakespeare's Globe; Proms in the Park ofrece los últimos conciertos del mayor festival de música clásica del mundo en Hyde Park; y el fin de semana de puertas abiertas permite colarse en algunos de los edificios más exclusivos de la ciudad. Además, muchos museos y galerías son gratuitos, así que no hay excusa para no empaparse de cultura.

Otros meses para ir
Diciembre Con la Navidad llegan los villancicos, las luces y el gigantesco árbol navideño de Trafalgar Square.

PLANIFICA TU VIAJE **Llegada** Los vuelos internacionales suelen aterrizar en los aeropuertos de Heathrow y Gatwick. Los trenes de alta velocidad del continente llegan a St Pancras International. **Desplazamientos** El metro y los autobuses son frecuentes y fiables. **Tiempo** Suave, agradable y con algunos chubascos. **Temperatura media** 14 °C.

MERCADOS IMPRESCINDIBLES

Los mercados de Londres son de visita obligada, tanto si se busca moda como flores o puestos ambulantes de comida.

1 **Camden Market**, un mercado repartido por varias calles y edificios, ofrece todo tipo de artículos retro, como moda *vintage*, vinilos y objetos de colección curiosos. También hay puestos de comida que sirven platos de todo el mundo.

2 **Portobello Road** alberga el mercadillo más animado de Londres. En él hay antigüedades, baratijas, puestos de comida, artesanía, ropa y música. Lo mejor es ir un sábado para verlo en su apogeo.

3 El mercado de alimentación más antiguo de Londres es también el más atractivo. **Borough Market** alberga más de 100 puestos con magníficos productos de todo el país y especialidades internacionales.

4 Los domingos por la mañana los londinenses se dirigen al este de la ciudad para visitar el bullicioso mercado de flores y plantas de **Columbia Road**, repleto de coloridos puestos.

5 El pequeño **Maltby Street Market** es uno de los favoritos de los londinenses. A pesar de su reducido tamaño, reúne a más de treinta vendedores de comidas y bebidas artesanales.

En el sentido de las agujas del reloj desde arriba a la **izquierda** Los restaurantes de Londres toman las calles; diversidad arquitectónica en la City; salas de la Tate Britain; guardia firme en el Horse Guards Parade

Arriba Cruzando una pasarela entre las copas de los árboles en Sabah, al norte de Borneo

Izquierda Santuario de monos de Labuk Bay; orangután de Borneo, Parque Nacional de Tanjung Puting

BORNEO

Asia Indonesia
BORNEO

POR QUÉ IR *Los bosques de Borneo rebosan fruta en esta época del año, lo que anima a los orangutanes a bajar de las copas de los árboles. En los recorridos guiados se pueden ver simios y otros animales.*

Borneo es un paraíso de cumbres rocosas, bosques brumosos, ríos turbulentos, un litoral cubierto de manglares y arrecifes de coral. Esta isla, la tercera más grande del mundo, posee una rica biodiversidad que incluye unas 15.000 especies de plantas con flor, entre ellas muchas orquídeas raras. El territorio de Borneo está dividido entre Brunei, Malasia e Indonesia y es el principal hábitat de especies como el elefante asiático, el rinoceronte de Sumatra y la pantera nebulosa. En el bosque lluvioso, cuyos árboles alcanzan los 75 m de altura, vive también el orangután de Borneo, que está en peligro de extinción, y las aguas costeras albergan un magnífico ecosistema con abundante vida marina, corales y varias especies de tortuga. La deforestación y el cultivo de palma para la extracción de aceite siguen causando polémica, pero aún existen bosques vírgenes que se están protegiendo mediante proyectos de conservación que confían en el turismo.

En Borneo, además de explorar la selva, se pueden practicar deportes de aventura, como montañismo, senderismo y descenso de aguas bravas. Para subir y bajar del monte Kinabalu son necesarios dos días. Si el cielo está despejado, las vistas desde su cima son impresionantes. Sean cuales sean las actividades que se realicen en Borneo, el paisaje y la fauna de la isla resultan espectaculares.

Otros meses para ir
Abril Tras el paso del monzón, llega una época magnífica para relajarse en la playa y recorrer la selva.

PLANIFICA TU VIAJE **Llegada** El aeropuerto internacional de Kota Kinabalu, el principal punto de acceso a la isla, recibe vuelos regulares de Kuala Lumpur y Singapur. El aeropuerto internacional de Kuching también está bien comunicado. **Desplazamientos** Hay autobuses entre los principales destinos. En las localidades abundan los minibuses y taxis. **Tiempo** Borneo tiene un clima tropical cálido, con algo de lluvia en esta época del año. **Temperatura media** 30 °C.

PEKÍN

Asia China
PEKÍN

POR QUÉ IR *Lo viejo y lo nuevo se unen en la carismática capital de China. Las temperaturas más frescas de septiembre suponen un alivio tras el calor húmedo del verano.*

Las calles de esta vasta ciudad se llenan de gente con ganas de disfrutar de la suave temperatura de la nueva estación. Pekín alberga una población enorme y antiguos palacios y templos imperiales de escala monumental. Las murallas de la Ciudad Prohibida, por ejemplo, rodean colosales patios unidos por elaboradas puertas y repletos de elegantes edificios rematados con dragones, fénix y otras bestias mitológicas.

A escasa distancia del bullicio de las calles y el ruido de los coches, se encuentra la tranquilidad de los *hutongs* de la ciudad. Sus serpenteantes callejones son tan antiguos como la Ciudad Prohibida y a veces solo pueden recorrerse en *rickshaw* o bicicleta. Estas caóticas callejuelas y sus desvencijados patios forman un espacio comunal donde los lugareños contemplan el paso de la vida, charlan con los vecinos, disfrutan con sus mascotas –incluido algún que otro perro pequinés– y juegan al ajedrez, el *mahjong* y las cartas. Pero, dado el insaciable apetito de cambio de Pekín, lo que hoy es un *hutong* mañana podría ser un rascacielos. La floreciente escena gastronómica y artística de la ciudad está transformando esta antigua ciudad en una metrópoli cosmopolita. Así que, una vez en ella, habrá que decidir si se empieza por su historia antigua o su cultura moderna.

Otros meses para ir
Febrero Las celebraciones del Año Nuevo chino toman la ciudad. **Abril** En primavera el tiempo es más suave, ideal para visitar los parques y disfrutar de las flores.

PLANIFICA TU VIAJE **Llegada** Pekín cuenta con el aeropuerto Beijing Capital. Una línea férrea comunica el aeropuerto con la ciudad y también hay multitud de taxis. **Desplazamientos** Pekín ofrece transportes baratos y eficientes, incluida una red de metro, autobuses (con anuncios en inglés), taxis y *rickshaws* en las zonas turísticas. **Tiempo** En septiembre se atenúa el calor del verano y cae algún chubasco. **Temperatura media** 20 °C.

Tejados de la enorme
Ciudad Prohibida
con la zona moderna
de Pekín al fondo

故宮博物院

Oceanía Nueva Zelanda
QUEENSTOWN

POR QUÉ IR *Es primavera en la isla Sur,*
y en los valles y cumbres de Queenstown pueden
practicarse todo tipo de actividades al aire.

QUEENSTOWN

Bienvenido a Queenstown, la capital mundial de la aventura. Esta localidad costera es un gran parque temático natural donde los amantes de la adrenalina pueden hacer *puenting,* descenso de aguas bravas o recorridos en lancha motora, entre muchas otras actividades. La ciudad es además un magnífico destino para practicar esquí y otros deportes invernales en un entorno espectacular, y esta es la época del año para disfrutar de la última nieve.

Pero en Queenstown no son todo emociones fuertes. La primavera llega en septiembre y con ella la posibilidad de relajarse en plena naturaleza. El paisaje se llena de cerezos en flor y narcisos y no hay nada como recorrerlo a pie o en bicicleta. También existen viñedos y bodegas que abren sus puertas en primavera. En ellos se puede cenar al aire libre junto a los *kiwis* y brindar con una copa de *pinot noir* local.

Otros meses para ir

Junio La temporada de esquí comienza con el Festival de Invierno, un evento con fuegos artificiales, música, teatro, competiciones deportivas y mucho más.

PLANIFICA TU VIAJE **Llegada** Los vuelos internacionales llegan al aeropuerto de Christchurch, donde se puede tomar un vuelo nacional a Queenstown o alquilar un coche. **Desplazamientos** Lo mejor es moverse a pie, aunque conviene disponer de un todoterreno para visitar los alrededores.
Tiempo Suave, pero es bueno llevar varias capas de ropa. **Temperatura media** 13 °C.

Practicando *snowboard*
en las laderas de Coronet
Peak, Queenstown

MADEIRA

Ladera cubierta
de flores silvestres
frente al Atlántico
Norte, al suroeste
de Madeira

Europa Portugal
MADEIRA

POR QUÉ IR *En septiembre el tiempo es muy agradable, no hay tantos turistas y el campo está en flor.*

Como la mítica Atlántida, la isla de Madeira surge del Atlántico, a 1.000 km de la capital portuguesa. Los navegantes portugueses que exploraron la costa africana en 1419 escribieron sobre el miedo que les producía dirigirse hacia el supuesto final del océano plagado de monstruos, sin embargo llegaron al paraíso.

Las iglesias profusamente decoradas y las lujosas mansiones rurales son el legado de las primeras fortunas de Madeira. Y el paisaje es tan impresionante como el arte y la arquitectura: aquí pueden encontrarse diminutas terrazas en laderas casi verticales, multitud de calas, gargantas boscosas y flores exóticas. En septiembre, cuando la vegetación empieza a cambiar de color y hay menos turistas, Madeira parece un jardín secreto que espera ser descubierto.

Otros meses para ir
Febrero-marzo El Carnaval de Madeira ofrece disfraces y desfiles justo antes de Semana Santa.

PLANIFICA TU VIAJE **Llegada** El aeropuerto internacional de Madeira está a unos 30 min de la capital, Funchal. Madeira es también una popular escala de cruceros. **Desplazamientos** Hay autobuses a la mayoría de destinos, pero un coche alquilado da más libertad. Se pueden contratar taxis para excursiones de un día. **Tiempo** Cálido y con algunos chubascos. **Temperatura media** 22 °C.

// OCTUBRE

Amanecer sobre
los extensos campos
morados del Val d'Orcia,
en la Toscana

BUENOS AIRES

Izquierda Vistosos edificios y árboles en una bonita plaza del histórico barrio de La Boca al atardecer

Abajo Cartel de uno de los numerosos bares de tango de Buenos Aires

América del Sur Argentina
BUENOS AIRES

POR QUÉ IR *Los cálidos días de primavera y la menor afluencia de turistas convierten octubre en un mes ideal para disfrutar de la diversa Buenos Aires.*

Aparte de monumentos, parques, restaurantes y vida nocturna, esta ciudad posee algo más intangible. Se percibe en los sensuales movimientos de los bailarines de tango que actúan en las calles adoquinadas de los barrios de San Telmo y La Boca. Los aficionados al fútbol lo gritan apasionadamente desde las gradas de los estadios. Asciende con el humo de la carne asada en una parrilla y brilla en una copa del famoso vino argentino. Eva Perón lo encarnó a finales de la década de 1940 y principios de la década de 1950. Y los porteños (los habitantes de Buenos Aires) que frecuentan los modernos restaurantes del barrio fluvial de Puerto Madero y los bares bohemios de Palermo Viejo le han dado un toque contemporáneo.

Buenos Aires combina el estilo y la sofisticación de Europa con el don de los sudamericanos de saber cómo pasar un buen rato. Buenos Aires refleja el incontrolable espíritu de Argentina.

Otros meses para ir
Agosto Este mes se celebra el Festival y Mundial de Tango, un evento de dos semanas dedicado al famoso baile argentino.

PLANIFICA TU VIAJE **Llegada** Los vuelos aterrizan en el aeropuerto internacional de Ezeiza, a 35 km del centro de la ciudad. **Desplazamientos** El *subte* (metro) y los autobuses son eficientes; por la noche usar los taxis. **Tiempo** Cálido y muy soleado. **Temperatura media** 20 °C.

Cipreses y cultivos
en el hermoso
Val d'Orcia

TOSCANA

Europa Italia
TOSCANA

POR QUÉ IR *Cuando llega la cosecha, las colinas toscanas se cubren de colores tostados y brumas otoñales.*

La Toscana es un deleite para los sentidos. Su arte y su arquitectura se disputan la atención entre los románticos paisajes, pero en octubre los protagonistas son los rústicos sabores toscanos. Es esta época los *risottos* se aromatizan con boletos y *tartufo* (trufas) y las cartas locales incluyen carne de caza –jabalí guisado o liebre con vino tinto y hierbas aromáticas– acompañada de *pappardelle*, una pasta ancha típica de la región.

Cada zona tiene su especialidad, como la *bistecca alla fiorentina* de Valdichiana –gruesos filetes aliñados con el mejor aceite de oliva y cocinados sobre brasas de castaño–, los *cantucci* de Prato –galletas empapadas en Vin Santo dulce– y la pasta *pici* de los pueblos de montaña en torno a Siena. Todos estos sabores pueden descubrirse mientras se recorre la tranquila campiña toscana o en un curso de cocina dedicado a la sublime gastronomía de la región.

Otros meses para ir
Mayo Temperaturas agradables, playas tranquilas y *sagre* (fiestas gastronómicas) en la campiña.

PLANIFICA TU VIAJE **Llegada** Los principales aeropuertos de Toscana están en Florencia y Pisa. **Desplazamientos** En las ciudades caminar o usar el transporte público. Alquilar un coche para recorrer la campiña. **Tiempo** Cálido, pero con lluvia y niebla. **Temperatura media** 20 °C.

SABORES DE LA TOSCANA

1 **Experiencias culinarias** En esta región se pueden realizar multitud de cursos de cocina. El mercado de alimentación de San Lorenzo en Florencia ofrece visitas y clases de pasta.

2 **Puestos de comida florentina** El *lampredotto,* el bocadillo más popular de Florencia, se elabora con estómago de vaca. Los mejores los sirve Nencioni, en la Piazza Mercato Nuovo.

3 **Mercado de trufa blanca de las Crete Senesi** La tranquila San Giovanni D'Asso se anima durante la temporada de la trufa blanca (noviembre). En esta feria se pueden degustar.

4 **Sagra della Bistecca** Cada localidad toscana tiene su festival gastronómico *(sagre),* pero ninguno supera a la fiesta de la carne de Cortona. Se celebra a mediados de agosto y es la principal de la región.

5 **Buena cocina** La Toscana alberga unos 35 restaurantes con estrellas Michelin, cuyos platos son un deleite para el paladar y la vista *(abajo).*

Puentes florentinos
sobre el río Arno
al atardecer

Europa Hungría
BUDAPEST

POR QUÉ IR *Cuando los árboles se tiñen de dorado y los turistas empiezan a marcharse, es el momento de divertirse como un lugareño.*

La capital de Hungría está formada por dos ciudades que se extienden a ambas orillas del Danubio. Al oeste están las calles medievales y palacios imperiales de Buda y al este se encuentra Pest, el centro comercial y político. Los ornamentados edificios recuerdan el apogeo austro-húngaro y los destartalados bares forman parte de la actual vida nocturna de la ciudad.

Los baños termales podrían considerarse el principal atractivo de Budapest. Para darse un chapuzón rodeado de esplendor *art nouveau*, lo mejor es visitar el balnerario Gellért. Aunque tal vez se prefiera el sencillo balneario Széchenyi, en Pest, donde los lugareños disfrutan de un baño caliente, una partida de ajedrez y una cerveza. Y para meterse realmente en la piel de esta ciudad, no hay nada como un estimulante masaje.

BUDAPEST

Otros meses para ir
Abril Magnífico para descubrir las tradiciones populares húngaras, como la de pintar huevos de Pascua. El tiempo es agradable y la ciudad aún no está abarrotada.

PLANIFICA TU VIAJE **Llegada** Los vuelos internacionales aterrizan en el aeropuerto Ferenc Liszt. **Desplazamientos** La ciudad dispone de metro, autobuses, tranvías y taxis. **Tiempo** En su mayoría, seco y soleado. **Temperatura media** 16 °C.

Vista aérea del balneario Széchenyi, el mayor complejo de baños de Europa

El grandioso castillo de Chenonceau rodeado de niebla y aparentemente flotando sobre la superficie del agua

VALLE DEL LOIRA

Europa Francia
VALLE DEL LOIRA

POR QUÉ IR *Disminuye la afluencia de turistas y se puede disfrutar de la zona con relativa tranquilidad.*

Los grandiosos *châteaux* del valle del Loira, rodeados por fosos, son el colofón de la arquitectura europea. Esta región alberga más de cincuenta mansiones de los siglos XV-XVI que reflejan la decadente belleza del renacimiento.

Pero el valle del Loira es más que arte y arquitectura. Esta zona, a la que se conoce como el jardín de Francia, ofrece una gloriosa gastronomía. Merece la pena probar sus peras y manzanas y, por supuesto, los productos elaborados con uvas del Loira, como los vinos blancos de Muscadet, Pouilly-Fumé y Sancerre. Además, en torno a Vouvray, Saumur y Angers, hay cuevas en las que se cultivan los famosos champiñones de Saumur que llenan los mercados, donde se puede comprar todo lo necesario para disfrutar de una deliciosa comida al aire libre mientras se recorre la región.

Otros meses para ir
Mayo Al inicio del verano llueve menos y los días son cálidos, ideal para montar en bicicleta.

PLANIFICA TU VIAJE Llegada La zona cuenta con dos aeropuertos: Nantes-Atlantique y Tours Val de Loire. **Desplazamientos** El transporte público es limitado. Hay travesías por el río y es posible moverse en bicicleta o alquilar un coche. **Tiempo** Suave y con algo de lluvia. **Temperatura media** 16 °C.

ESCAPADAS
A LAS ISLAS
DE QUEENSLAND

Repartidas por el litoral de Queensland se encuentran varias islas con maravillosas playas e impresionantes arrecifes de coral, como estas cuatro.

Isla Fraser La mayor isla de arena del mundo, a la que los aborígenes locales llaman *K'gari* (paraíso), no decepciona con sus maravillosas playas blancas, su frondoso bosque y sus lagos cristalinos. También se pueden ver dingos, los habitantes más famosos de la isla.

Isla Lizard A esta remota isla solo se puede acceder en avión privado. Está en la Gran Barrera de coral, entre los arrecifes interior y exterior, y resulta un destino magnífico para practicar buceo y esnórquel. Su mundo submarino es un caleidoscopio de colores.

Isla Heron Esta isla alberga una abundate fauna. Las pisonias sirven de hábitat a miles de aves, entre ellas el charrán pardo y la pardela sombría. Entre octubre y marzo, pueden verse tortugas verdes y bobas que acuden a anidar en la playa.

Isla Whitsunday El principal atractivo de esta isla *(abajo)* es su impresionante playa Whitehaven. Tiene 9 km de arena blanca y está considerada una de las mejores playas del mundo.

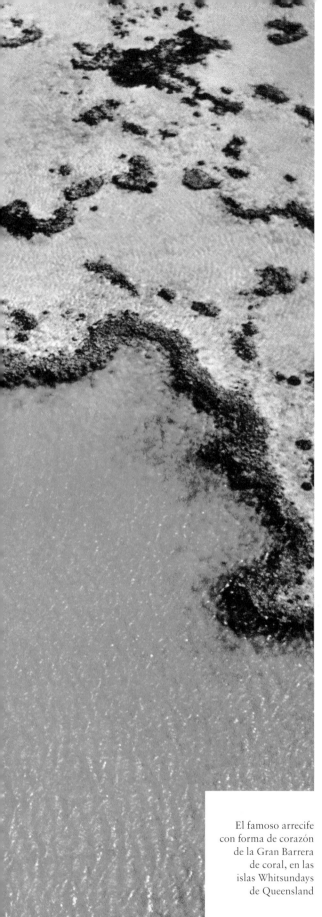

El famoso arrecife
con forma de corazón
de la Gran Barrera
de coral, en las
islas Whitsundays
de Queensland

QUEENSLAND

Oceanía Australia
QUEENSLAND

POR QUÉ IR *Octubre es un mes magnífico para visitar esta zona de Australia, ya que hay un ambiente tranquilo y el tiempo cálido y agradable resulta perfecto para estar al aire libre.*

Queensland reúne todas las características para pasar unas magníficas vacaciones al sol –playas de suave arena blanca e islas recónditas–, aunque los amantes de la adrenalina tal vez prefieran aprovechar sus infinitas posibilidades de aventura.

En el litoral se puede disfrutar del agua, ya sea saltando de isla en isla en un yate o sumergiéndose en las profundidades del mar. Los buceadores regresan a la superficie entusiasmados con las maravillas que han contemplado en la Gran Barrera de coral.

Y en el interior espera la selva. Aventurándose entre la densa vegetación se descubre otra Queensland en la que los animales exóticos gritan entre los árboles. Aquí también se pueden realizar multitud de actividades, como descender en balsa por ríos turbulentos, cabalgar rápidos en una piragua o incluso lanzarse desde una increíble altura pertrechado únicamente con una cuerda elástica.

Otros meses para ir
Septiembre La capital de Queensland se anima durante el Festival de Brisbane, que incluye teatro, música, danza y circo.

PLANIFICA TU VIAJE Llegada Los vuelos llegan a Cairns y Brisbane. **Desplazamientos** Alquilar un coche o moverse en autobuses públicos. **Tiempo** Días cálidos y noches frescas. **Temperatura media** 25 °C.

ALBUQUERQUE

América del Norte Estados Unidos
ALBUQUERQUE

Derecha Contemplando
los cientos de globos
que flotan elegantemente
en el cielo del desierto

Abajo Globo iluminado
por el resplandor
del quemador; disfrutando
del ambiente festivo

POR QUÉ IR *Cada octubre, el despegue masivo de cientos de coloridos globos aerostáticos en el Festival Internacional de Globos de Albuquerque deja a los espectadores boquiabiertos.*

Resulta muy romántico ver un globo aerostático avanzando en silencio por el horizonte. Hay algo fascinante en estas aeronaves, cuya enorme y colorida estructura flota en el aire como por arte de magia. Y si la imagen de un globo enamora, contemplar cientos de ellos en el cielo formando un infinito lienzo de formas abstractas y vivos colores resulta indescriptible. Esto es lo que sucede cada año en el Festival Internacional de Globos de Albuquerque, el mayor encuentro de globos aerostáticos del mundo.

Para asistir a la mejor parte del festival hay que llegar al romper el alba, cuando más de 500 globos con formas antaño inimaginables despegan simultáneamente, llenando el cielo del yermo desierto mientras la asombrada multitud observa desde abajo.

Además de contemplar el espectáculo, se puede pasear entre infinidad de globos amarrados al suelo, charlar con los pilotos y conseguir magníficas fotografías. También es posible degustar platos de Nuevo México, como el pan frito al estilo navajo y la sopa de tortilla, y disfrutar de música en directo y espectáculos mientras se come. Cuando cae la noche sobre el valle del río Grande, cientos de globos se iluminan en tierra con el resplandor de los quemadores. Y una vez que el terreno se despeja, comienza un impresionante despliegue de fuegos artificiales.

Otros meses para ir
Febrero Los esquiadores visitan Albuquerque para disfrutar de la nieve en la sierra Sandía.

PLANIFICA TU VIAJE **Llegada** El Balloon Fiesta Park está a unos 19 km al norte de Albuquerque Sunport, el principal aeropuerto del Estado. **Desplazamientos** La mayoría de visitantes alquila un coche o utiliza los autobuses de ABQ Ride. Los trenes de New Mexico Rail Runner llegan a la explanada del festival. **Tiempo** Por lo general, seco. Fresco por la mañana y cálido por la tarde. **Temperatura media** 21 °C.

MONTERREY

SANTA BÁRBARA

América del Norte Estados Unidos
COSTA DE CALIFORNIA

POR QUÉ IR *La Highway 1 ofrece un increíble recorrido por California, en especial el tramo de Monterrey a Santa Bárbara. En esta época del año la carretera está mucho más tranquila.*

La Highway 1 serpentea junto al litoral batido por las olas, abrazando la costa del Estado dorado desde los hermosos viñedos de Mendocino hasta el sur de la metrópoli de Los Ángeles. Se puede alquilar un coche en San Francisco y conducir 200 km hacia el sur hasta Monterrey para recorrer el tramo más famoso de esta carretera, una ruta clásica de 400 km hasta Santa Bárbara. Por el camino, se pasa por atractivas localidades costeras, bosques de secuoyas gigantes y misiones españolas anteriores a la fundación del Estado. Hay momentos en los que se avanza al lado de playas acariciadas por un suave oleaje y al instante siguiente se están contemplando violentas olas desde lo alto, aunque el verdadero espectáculo comienza al llegar al panorámico Big Sur, donde las olas rompen contra la falda de grandes montañas.

Más al sur el paisaje se suaviza: los montes se desplazan hacia el interior y las secuoyas dejan paso a palmeras y buganvillas. Es entonces cuando aparece Santa Bárbara con sus casas de estilo español y su ambiente surfero. Tras varios días conduciendo, llega el momento de descansar y relajarse, así que, por qué no disfrutar de la playa de Santa Bárbara, regalarse una visita a una bodega y brindar con una copa de *chardonnay*.

Otros meses para ir
Abril-mayo Un tiempo magnífico y playas más tranquilas que en verano.

Espumosas olas rompiendo contra un saliente rocoso en el bello Big Sur, California

PLANIFICA TU VIAJE **Llegada** San Francisco y LAX son dos concurridos aeropuertos internacionales, ambos comunicados con sus respectivas ciudades por tren, autobús y taxi. **Desplazamientos** La mejor opción es alquilar un coche, aunque los trenes Coast Starlight de Amtrak unen Los Ángeles y San Francisco. **Tiempo** Normalmente soleado y cálido, pero hacia el interior puede hacer bastante calor. **Temperatura media** 25 °C.

Baile tradicional
durante la famosa
celebración del
Día de Muertos
en Oaxaca

LO MÁS DESTACADO

La atractiva Oaxaca está a la altura de las principales ciudades latinoamericanas.

1

Hermosos edificios, incluidas iglesias barrocas y bellas construcciones coloniales, rodean las plazas adoquinadas.

2

Abundan el **arte urbano** y los **bares bohemios.** Merece la pena buscar los murales de Lapiztola antes de tomarse unos tequilas.

3

En los **numerosos mercados** se vende café recién molido, *mezcal,* cestas tejidas y ropa bordada, todo ello perfecto como regalo.

OAXACA

América Central México
OAXACA

POR QUÉ IR *Oaxaca es el mejor lugar para celebrar el Día de Muertos, del 31 de octubre al 2 de noviembre.*

Esta fiesta mexicana celebra el regreso de los muertos a la tierra para visitar a sus parientes vivos. En la ciudad colonial de Oaxaca y los pueblos indígenas de los alrededores, esta antigua creencia se mantiene muy viva y se festeja con gran entusiasmo. El reencuentro entre los vivos y los muertos es al mismo tiempo alegre y emotivo, y puede haber un ambiente sorprendentemente animado. Para dar la bienvenida a los difuntos, las familias decoran las tumbas de sus seres queridos con flores, velas y pequeñas calaveras. Pasan horas en los cementerios e incluso permanecen noches enteras de vigilia. La imagen de un cementerio iluminado con velas e inundado por el murmullo de las conversaciones y los bailes que acompañan a estas reuniones resulta inolvidable.

Otros meses para ir
Julio Los desfiles y actuaciones de la fiesta de Guelaguetza están dedicados a las comunidades indígenas de Oaxaca.

PLANIFICA TU VIAJE Llegada La mayoría de los visitantes llegan a Oaxaca en un vuelo nacional desde Ciudad de México, situada a 400 km al noroeste. **Desplazamientos** La ciudad cuenta con abundantes taxis y autobuses. **Tiempo** Cálido y con algún chubasco. **Temperatura media** 25 °C.

América del Norte Estados Unidos
KAUA'I

POR QUÉ IR *El mar y la vegetación son los principales atractivos de la isla hawaiana de Kaua'i. En octubre ya no hay multitudes, así que es perfecto para relajarse y disfrutar de este paraíso tropical.*

Kaua'i, conocida como la isla Jardín, está cubierta de árboles y flores y resuena con los cantos de las aves exóticas y el hipnótico batir de las olas en las playas doradas. Esta isla es de origen volcánico y su superficie fue erosionándose hasta dar lugar a una combinación de bosques, desiertos, llanuras y montañas. En ella se encuentran el cañón Waimea, el mayor del Pacífico, y la costa Nā Pali, cuyos acantilados cubiertos de vegetación se elevan verticales desde el mar. Kaua'i es un lugar fascinante que ha sido creado por las fuerzas de la naturaleza, y aún sigue sujeto a ellas. Hollywood ha aprovechado su abrupto y primigenio paisaje como escenario para varias películas, como *King Kong* y *Parque Jurásico*.

Las montañas, cañones y playas, en especial los de la costa Nā Pali, son únicos. Para disfrutar de una espectacular panorámica desde el mar, lo mejor es unirse a una excursión en kayak y remar hasta la base de los acantilados de Nā Pali. El maravilloso espectáculo que se contempla mientras se avanza por el agua es el mismo que vieron los primeros polinesios que se toparon con este paraíso natural.

Otros meses para ir
Septiembre Se celebran el maratón de Kaua'i y el Kaua'i Mokihana Festival, un festival dedicado a la cultura hawaiana.

PLANIFICA TU VIAJE **Llegada** Los vuelos desde el continente aterrizan en Lihu'e, la principal ciudad de Kaua'i. **Desplazamientos** La mejor opción es alquilar un coche. **Tiempo** Octubre es cálido y hay lluvias frecuentes pero breves. **Temperatura media** 24 °C.

Los arbolados acantilados de la costa Nā Pali iluminados por el sol y la playa acariciada por el suave oleaje

// NOVIEMBRE

Derroche de luces
de neón en Shinjuku,
en el centro de Tokio

VIETNAM

Asia
VIETNAM

POR QUÉ IR *Vietnam es un país con atractivas ciudades y zonas rurales. Se puede visitar en cualquier momento del año, pero en temporada seca el tiempo es siempre bueno.*

La cautivadora combinación de imágenes, sonidos, aromas y sabores de Vietnam resulta un placer para los sentidos. Por todas partes surgen escenas de postal: sombreros cónicos de paja salpicados por un paisaje de verdes arrozales; muchachas con elegantes vestidos *ao dai* moviéndose en motocicletas por las ciudades; y el desconcertante colorido del templo Cao Dai. De una rica civilización con tradiciones muy arraigadas ha surgido un país que ha descubierto el futuro y se ha precipitado hacia él, aunque el pasado siga presente en los templos antiguos y en los conmovedores escenarios de las guerras del siglo XX.

Al contrario que otras zonas de Vietnam, el delta del Mekong parece intacto. El ritmo de vida sigue siendo pausado en esta frondosa región con campos de arroz, criaderos de peces y mercados flotantes, donde una intrincada red de canales comunica diminutas islas verdes en las que crecen todo tipo de frutas tropicales.

La ruidosa, caótica y colorida Ciudad Ho Chi Minh deslumbra con su arquitectura colonial francesa y sus impresionantes edificios modernos. Hay diminutos cafés flanqueando las calles abarrotadas de coches y de los innumerables restaurantes y puestos de comida llega aroma a especias. Merece la pena tomarse una copa en un bar de azotea y contemplar el despliegue de neónes de la ciudad, para luego descender y sumergirse en el paisaje.

Otros meses para ir
Enero-febrero Llegan las fastuosas celebraciones del Tet (Año Nuevo lunar) de Vietnam.

Arriba Campesinos en los arrozales abancalados de Mu Cang Chai, en el noreste de Vietnam

Derecha Barca en el delta del Mekong; restaurante de Ciudad Ho Chi Minh

PLANIFICA TU VIAJE Llegada En Hanoi está el aeropuerto internacional de Nôi Bài y en Ciudad Ho Chi Minh el de Tân Son Nhát. **Desplazamientos** Bicicletas, *xe om* (motocicletas) y taxis para moverse por las localidades; autobuses, trenes y aviones para cubrir distancias más largas. **Tiempo** Seco, pero con mucha humedad. **Temperatura media** 27 °C.

LA MEJOR FOTOGRAFÍA

1 **Tokyu Plaza Omotesando Harajuku** Al salir de este centro comercial se puede conseguir una imagen caleidoscópica desde lo alto de la escalera mecánica acristalada.

2 **Nakagin Capsule Tower** Este edificio modular puede fotografiarse desde la acera opuesta. Parece una pila de lavadoras y es un raro ejemplo del movimiento metabolista japonés.

3 **Cruce de Shibuya** El mejor lugar para conseguir una instantánea del famoso cruce de Shibuya es el Starbucks de Shibuya Tsutaya. Así que, pide un café y acomódate en su segunda planta.

4 **Golden Gai** Los seis callejones de Golden Gai albergan un laberinto de 200 bares diminutos y son como una puerta al pasado. Por la noche se puede fotografiar el bullicioso ambiente.

5 **Templo Sensō-ji** Este tranquilo templo budista *(abajo)* permanece abierto las 24 horas del día. Si se llega justo antes del amanecer, se puede fotografiar el sol alzándose sobre la Kaminarimon (puerta del Trueno).

Vistosos carteles de neón sobre un bullicioso paso de cebra en el distrito de Shinjuku, en Tokio

TOKIO

Asia Japón
TOKIO

POR QUÉ IR *Noviembre, un mes con temperaturas agradables, cielos despejados y paisajes otoñales, es ideal para visitar esta moderna metrópoli donde conviven pasado y futuro.*

Ningún lugar del mundo combina lo antiguo y lo moderno como Tokio. Por un lado, ofrece un paisaje futurista, con un estilo de vida acelerado. Solo hay que pensar en los enjambres de trabajadores que pasan por el cruce de Shibuya, hablando todos por modernos móviles mientras los anuncios publicitarios les bombardean con eslóganes de efecto estroboscópico. Por otro lado, están las tranquilas calles adoquinadas que llevan a recónditos santuarios sintoístas y templos budistas, donde los tokiotas disfrutan de un instante de contemplación antes de continuar con sus atareadas vidas.

Aunque las tiendas, restaurantes y luces del distrito de ocio sigan siendo los atractivos frívolos de esta gran urbe, las experiencias más gratificantes son mucho más sencillas: contemplar los crisantemos en el jardín oriental del palacio Imperial, tomarse un reconfortante cuenco de fideos en un puesto ambulante y ver a los niños jugando con las hojas caídas en un apartado santuario. Estas imágenes son un humilde recordatorio de que, aunque Tokio se presente como una ciudad inmersa en el siglo XXI, una ciudad que avanza hacia el futuro, si se rasca un poco, no se tarda en descubrir que

los valores tradicionales de la sociedad nipona –naturaleza, familia y filosofía– siguen vivos.

Otros meses para ir
Marzo-abril Los parques de Tokio se inundan de flores de cerezo.

PLANIFICA TU VIAJE **Llegada** El aeropuerto internacional de Narita está a 66 km del centro de la ciudad. **Desplazamientos** El extenso metro es un medio de transporte barato y eficiente. **Tiempo** Fresco y seco. **Temperatura media** 15 °C.

Restaurantes *yakitori* en el callejón de los Recuerdos, Tokio

BORGOÑA

Europa Francia
BORGOÑA

POR QUÉ IR *Recorrer los canales de esta región durante la época de la cosecha permite degustar sus múltiples manjares, como mostaza y vino.*

Borgoña es una región en la que abundan la comida y los vinos de calidad. En noviembre se inaugura la temporada de caza, empiezan a recolectarse setas y se festeja la vendimia, por lo que resulta un momento perfecto para recorrer en barco los 242 km del canal de Borgoña, deteniéndose por el camino en salas de degustación, pintorescos pueblos e idílicos merenderos.

También se puede pasear en bicicleta o a pie por los bosques dorados y viñedos rojizos. Y cuando se tenga apetito, nada mejor que degustar la famosa mostaza de Dijon, un reconfortante *boeuf bourguignon* o setas recién recogidas, todo ello bañado con una copa de Chablis, Côte de Nuits o Côte de Beaune.

Otros meses para ir
Julio El Festival Internacional de Ópera Barroca llena Beaune de óperas, conciertos y recitales cada fin de semana.

PLANIFICA TU VIAJE **Llegada** El aeropuerto de Dijon está a 6 km al sur de la ciudad. Las travesías por el canal parten de París y Dijon. **Desplazamientos** Las principales localidades están unidas por el canal y por autobuses. **Tiempo** Frío por las noches. **Temperatura media** 6 °C.

El *Queen of the Mississippi* entre la niebla matinal

Niebla otoñal sobre un viñedo de Borgoña

América del Norte
Estados Unidos
CRUCERO POR EL MISISIPÍ

NUEVA ORLEANS

POR QUÉ IR *Las suaves temperaturas otoñales resultan perfectas para disfrutar del río y de las actividades en tierra sin la humedad del verano.*

El imponente Misisipí es el río más largo de Estados Unidos. Innumerables obras literarias y musicales se han inspirado en él a lo largo del tiempo, y la cultura popular del país está firmemente enraizada en el bajo Misisipí. Desde Nueva Orleans, se va descubriendo la historia del Sur a medida que se recorre el río.

El elegante vapor de ruedas *Queen of the Mississippi* realiza la travesía desde el puerto de Nueva Orleans hasta Oak Alley Plantation, la residencia que aparece en la escena inicial de *Lo que el viento se llevó*. Luego se dirige hacia la pintoresca Natchez –el asentamiento europeo más antiguo del río–, para desembarcar directamente en la Norteamérica del siglo XIX. La siguiente escala es Vicksburg (Misisipí), cuyo National Military Park concentra el espíritu de la guerra de Secesión. El campo de batalla de Vicksburg incluye 1.300 monumentos, fortificaciones y un cañonero unionista restaurado que recuerdan la historia de los que perdieron su vida aquí.

Siguiendo río abajo se llega a Baton Rouge, la tranquila capital del Estado de Luisiana, cuyos edificios antiguos reflejan las raíces criollas francesas de la ciudad. Desde aquí, el barco pone rumbo de nuevo al siglo XXI y regresa hacia Nueva Orleans y las bulliciosas calles de su Barrio Francés.

Otros meses para ir
Febrero-marzo Durante el Mardi Gras, Nueva Orleans es una gran fiesta.

PLANIFICA TU VIAJE **Llegada** Nueva Orleans es un buen lugar para empezar un crucero y cuenta con el aeropuerto internacional Louis Armstrong. **Desplazamientos** Las visitas guiadas desde el barco están incluidas en el paquete del *Queen of the Mississippi*. **Tiempo** Despejado. **Temperatura media** 16 °C.

Aldea *hanok* de
Bukchon, con los
modernos edificios
y las montañas
de Seúl al fondo

SEÚL

Asia Corea del Sur
SEÚL

POR QUÉ IR *Seúl tiene algo especial en noviembre. Mientras la ciudad bulle, las montañas ofrecen un tranquilo refugio con senderos y árboles teñidos por los colores del otoño.*

Seúl es una ciudad de contrastes, una ciudad en la que los rascacielos se elevan sobre intemporales templos budistas y parques arbolados, una ciudad que condensa todo el encanto de Corea del Sur. Por el día, se pueden recorrer las calles tradicionales de Bukchon Hanok y las galerías de arte de Leeum Samsung y por la noche, acudir a un bar de azotea y tomarse un *soju* acompañado de sonidos K-pop.

Y mientras la ciudad bulle, las altas montañas de Seúl, cuyas laderas boscosas atraen a los senderistas, montan guardia en silencio. Noviembre es el mes perfecto para disfrutar de la naturaleza –el húmedo verano ha dejado paso al fresco otoño y las colinas se cubren de tonos rojos, amarillos y anaranjados–. Bukhansan está surcada por suaves senderos que recompensan el esfuerzo realizado con unas increíbles vistas de la metrópoli. ¿Demasiado duro?

Namsan, en el corazón de Seúl, ofrece unas inmejorables vistas de la ciudad y además un teleférico. Quienes prefieran permanecer a menor altitud pueden caminar por las pasarelas del parque Hangang o perderse entre los árboles, lagos y flores del bosque de Seúl.

Con tanto aire fresco lo más seguro es que se tenga hambre, y la famosa gastronomía de Seúl no decepciona. En noviembre se celebra el Festival del Kimchi de Seúl, con puestos ambulantes que sirven cuencos de este especiado manjar. De día o de noche, en las montañas o en la ciudad, la capital de Corea del Sur es absolutamente fascinante.

Otros meses para ir
Abril Las flores de cerezo visten los templos y parques. **Diciembre** Los templos y palacios cubiertos de nieve resultan muy hermosos.

PLANIFICA TU VIAJE **Llegada** Seúl cuenta con el aeropuerto internacional de Incheon, situado a unos 48 km de la ciudad y conectado a ella por el tren AREX, autobuses y taxis. **Desplazamientos** La red de metro comunica la mayoría de barrios y hay trenes y autobuses. **Tiempo** Bastante fresco y con algo de lluvia. **Temperatura media** 7 °C.

PARQUES Y SENDEROS

1 El **bosque de Seúl** se inauguró en 2005 como símbolo del compromiso de Seúl con los espacios verdes. Ideal para pasear o montar en bicicleta.

2 El **parque Banpo Hangang** alberga el puente con fuente multicolor Banpo. Es un destino popular para tomar *chimaek* –pollo frito y cerveza–.

3 Los **jardines del palacio Changdeokgung** sirvieron de lugar de recreo a reyes de épocas pasadas, y aún conservan un ambiente tranquilo.

4 El **parque Namsan** refleja los contrastes de la ciudad: muchos árboles, caminos y fauna junto a la moderna torre N de Seúl.

5 El **Parque Nacional Bukhansan** *(abajo)* ofrece senderos en los que disfrutar de preciosas caminatas, sobre todo junto a la muralla.

Oceanía Islas Cook
AITUTAKI

POR QUÉ IR *El final del invierno es el momento perfecto para visitar las paradisíacas islas Cook sin temor a que la lluvia estropee las vacaciones.*

Se afirma que las islas Cook, y en especial Aitutaki, son como era Tahití hace cincuenta años: un lugar tan bello y prístino que resulta imposible no quedar absolutamente impresionado.

Aitutaki se encuentra en el extremo de una vasta laguna rodeada por unas diminutas islas llamadas *motus*. Las aguas del Pacífico Sur suelen describirse como azules, pero el colorido de Aitutaki es mucho más amplio –la laguna muestra todos los tonos imaginables de azul y verde: esmeralda, aguamarina, cobalto, azul de Prusia, azul regio y lavanda–. Bajo el agua, los corales añaden un toque psicodélico a la paleta de colores, eclipsados únicamente por los rojos, naranjas, azules regios, amarillos canario y turquesas de los peces, que parecen haberse sumergido en una caja de pinturas. Y en tierra el espectáculo continúa: el intenso y atractivo rojo de los cámbulos; las coronas de flores que la gente lleva en el pelo; y los sensuales tonos

Aguas cristalinas y arena blanca de la laguna que rodea Aitutaki

y aromas de las *leis* (guirnaldas de flores) que los visitantes reciben al llegar a este cuadro convertido en realidad.

Otros meses para ir

Septiembre Se pueden ver ballenas jorobadas junto a la costa a su paso por las islas Cook hacia aguas más cálidas.

PLANIFICA TU VIAJE **Llegada** Air Rarotonga ofrece vuelos diarios a Aitutaki desde el aeropuerto internacional de Rarotonga. **Desplazamientos** La isla puede recorrerse a pie o en un coche, motocicleta o bicicleta de alquiler. **Tiempo** Cálido y seco. **Temperatura media** 29 °C.

PRACTICAR ESNÓRQUEL

Las islas Cook están separadas entre sí por un mundo submarino en el que habitan multitud de animales y vistoros corales, por lo que el paisaje que hay bajo la superficie del agua es tan impresionante como el de tierra firme.

1 La **Reserva Marina de la Laguna Aroa**, en la isla de Rarotonga, alberga hermosos arrecifes.

2 La remota **laguna Muri** solo es accesible en kayak desde la playa Muri, pero merece la pena ir.

3 La **laguna de Aitutaki** es famosa por sus aguas transparentes y su abundante y colorida vida marina.

4 El paisaje volcánico de **Black Rock**, en Rarotonga, ofrece un aspecto sobrenatural bajo el agua.

5 Los canales de la **isla One Foot**, cerca de Aitutaki, resultan un paraíso submarino.

TASMANIA

Oceanía Australia
TASMANIA

POR QUÉ IR *Con temperaturas suaves, flores silvestres y muchas horas de luz, esta época del año es perfecta para hacer las maletas, calzarse las botas y descubrir «Tassie».*

Es normal sentirse abrumado por la remota ubicación de Tasmania, un territorio salvaje situado casi en el fin del mundo. Entre este espectacular espacio natural y el continente antártico solo se encuentra el gran océano Austral, y hacia el oeste hay unos 20.000 km hasta la siguiente masa continental: América del Sur. Este aislamiento ha sido un salvavidas para la flora y fauna autóctonas de esta isla con millones de hectáreas de territorio virgen para explorar.

Tasmania está llena de rutas de senderismo, entre ellas el famoso Overland Track, un recorrido de seis días a lo largo de 65 km por el abrupto corazón montañoso. En la península Freycinet, la breve pero gratificante ascensión de 45 min hasta el mirador de Wineglass Bay proporciona una impresionante vista de una de las playas de arena más espectaculares del planeta.

Al oeste de la isla, en los lagos glaciares y arroyos del Parque Nacional Franklin-Gordon Wild Rivers, existen vestigios del periodo Pérmico (hace unos 250 millones de años). Aquí siguen habitando los mismos crustáceos que entonces. El río Franklin, uno de los tres ríos principales del parque, es venerado por los habitantes de Tasmania por su importancia natural, cultural e histórica. Se puede disfrutar de su belleza y aislamiento en una excursión en balsa con un guía local.

Tasmania, el secreto mejor guardado de Australia, está fuera de los itinerarios turísticos y ofrece infinitas posibilidades de aventura en un paisaje primigenio lleno de vida.

Otros meses para ir
Enero Durante el verano se celebran el festival gastronómico Taste of Tasmania y los animados Falls Festival, MONA FOMA y Cygnet Folk Festival.

PLANIFICA TU VIAJE Llegada Hay vuelos a Hobart desde Melbourne, Adelaide, Sydney, Brisbane y Canberra y ferris nocturnos que realizan travesías regulares entre Melbourne y Devonport, en la costa norte. **Desplazamientos** Lo mejor es recorrer la isla en coche. **Tiempo** Normalmente cálido y seco. **Temperatura media** 20 °C.

Sendero a través del maravilloso y salvaje paisaje del Parque Nacional Cradle Mountain, Tasmania

BAHAMAS

Antillas
BAHAMAS

POR QUÉ IR *Las Bahamas, con su preciosa arena y sus lagunas azul verdoso, son un magnífico destino de playa en noviembre. Además hay muchas opciones para los más aventureros.*

Las islas de este archipiélago –unas grandes, otras diminutas– se extienden por las aguas color azul verdoso del Atlántico occidental, formando grupos muy distintos entre sí. Los visitantes que saltan de isla en isla descubren que incluso la más pequeña de ellas posee un encanto especial.

Nassau, la capital, alberga multitud de hoteles y restaurantes y ofrece una perfecta combinación de playas y actividades acuáticas, las cuales atraen a los más jóvenes y a quienen tienen espíritu joven. En la playa Cable se encuentran desde motos acuáticas hasta veleros *sunfish*, e incluso se puede disfrutar de una vista aérea de Nassau y la vecina isla Paradise.

Una vez que se han satisfecho las ganas de actividad, llega el momento de relajarse en la playa. Por supuesto, hay muchas opciones para elegir, aunque pocas comparables a la isla Harbour de Eleuthera, o Briland, como la llaman los nativos. Briland, una de las islas exteriores, es famosa por sus arenas rosadas y aguas azul eléctrico y con sus casitas color pastel ofrece una imagen de postal. Se pueden visitar diminutas iglesias, comer en restaurantes de pescado tradicionales y alquilar un carrito de golf para recorrer la isla. Y después de todo esto, no hay nada como sumergirse en las aguas color turquesa y tumbarse al sol de las Bahamas.

Otros meses para ir

Enero La animada fiesta de Junkanoo toma las calles de las islas para celebrar el día de Año Nuevo.

Embarcadero
de madera
en la playa
Pink Sands

PLANIFICA TU VIAJE Llegada Volar al aeropuerto internacional de Lynden Pindling y luego tomar vuelos nacionales, ferris o barcos de Mailboat hasta las demás islas. **Desplazamientos** Hay muchos transportes en las islas, entre ellos coches, barcos y bicicletas de alquiler. También se encuentran taxis. **Tiempo** Soleado y con refrescantes vientos alisios. **Temperatura media** 26 °C.

RAJASTÁN

Asia India
RAJASTÁN

POR QUÉ IR *El calor del verano ha pasado, por lo que es el momento ideal para descubrir el legado del mágico Estado de Rajastán. No hay nada como recorrerlo a bordo del tren Palace on Wheels.*

Rajastán, un espléndido territorio con palacios de cuento y una animada vida local, cumple todas las expectativas sobre India. El mejor transporte para recorrer el país es el tren, y el opulento *Palace on Wheels* ofrece un recorrido inolvidable de Delhi a Agra. Su pausado avance por Rajastán permite disfrutar del paisaje cubierto de frondosos campos de cultivo, bosques tropicales e impresionantes palacios.

Rajastán es tierra de rajás y marajás, y su cultura e historia enamoran a los viajeros con ganas de descubrir el pasado y el presente de India. En este reino abandonado se encuentran fortalezas en torno a las colinas, y en las llanuras inferiores hay construcciones lacustres rodeadas de jardines. Al atravesar las ornamentadas puertas de los palacios de Rajastán se accede a un mundo moldeado por las tradiciones populares y la intensa

historia de este fascinante Estado. En ellos se encuentran tesoros que recuerdan a las personas que habitaron estas históricas residencias durante generaciones. El lujo de antaño sigue presente hoy, así que se pueden recorrer salas de mármol, degustar una magnífica cocina y admirar exquisitos recuerdos de familia por todos lados.

El tranquilo ritmo de viaje del *Palace on Wheels* proporciona mucho tiempo para recorrer los palacios y además descansar en el lujoso departamento o socializar con un cóctel en el suntuoso vagón salón. El viaje a bordo de este tren es único.

Otros meses para ir
Marzo Rajastán celebra Gangaur, una fiesta en honor a Gauri o Parvati, la diosa hindú de la fertilidad, el amor, la belleza y el matrimonio.

PLANIFICA TU VIAJE **Llegada** El aeropuerto internacional Indira Gandhi de Delhi, en el Estado de Uttar Pradesh, es el principal punto de entrada, aunque Jaipur y Jodhpur tambien tienen aeropuerto. **Desplazamientos** Hay trenes regulares de Delhi a las ciudades y pueblos de Rajastán. El *Palace on Wheels* parte de Delhi, atraviesa Rajastán y llega a Agra de octubre a marzo. Las localidades grandes y ciudades tienen taxis, *rickshaws* a pedales y *rickshaws* a motor. **Tiempo** Seco y con un calor soportable. **Temperatura media** 33 °C.

Arriba Mono corriendo
por los muros del fuerte
Amber de Jaipur

Derecha Mujer bajo
un elaborado pabellón
en el lago Gadi Sagar,
en Jaisalmer

// DICIEMBRE

Recolectores de
berberechos en sus
barcas en el lago
Vembanad, Kerala

TÓRTOLA

Antillas Islas Vírgenes Británicas
TÓRTOLA

POR QUÉ IR *En diciembre es difícil resistirse a un cielo despejado y una temperatura agradable. Tórtola es el destino perfecto para unas vacaciones invernales.*

Tórtola es un lugar de descanso y sus playas compiten en belleza y tranquilidad con las de cualquier otro destino del mundo. La isla está festoneada de recónditas calas y en su orilla norte se encuentran interminables playas doradas, como Brewers Bay, Cane Garden Bay, Elizabeth Beach y Long Bay.

La desenfadada Tórtola alberga multitud de restaurantes y bares de calidad donde disfrutar de prolongados almuerzos y cenas a la luz de las velas. No hay nada como degustar un aterciopelado *callaloo* de cangrejo con *Johnny cakes* (guiso de quingombó con pan de maíz) mientras se escucha el relajante sonido de las olas. Luego se puede visitar alguno de los bares de playa repartidos por las ensenadas y, con un potente cóctel de ron en la mano, bailar toda la noche al ritmo del calipso en la bahía iluminada por la Luna.

Si se necesita algo de actividad, se puede visitar Road Town, el centro urbano de Tórtola. Las elegantes casas de madera y el sabor antiguo de esta localidad recuerdan su pasado colonial. En la estrecha Main Street, la calle comercial, se pueden comprar algunas de las hermosas joyas de oro, esmeraldas y conchas que han dado fama a Tórtola, antes de sentarse a almorzar. Quienes se sientan aventureros pueden alquilar una de las lanchas motoras atracadas en el muelle y recorrer las islas vecinas que parecen flotar en el horizonte. Un paseo por la playa al atardecer es la manera perfecta de concluir el día.

Otros meses para ir
Marzo-abril La Regata de Primavera de BVI permite disfrutar de una semana de competiciones de veleros.

PLANIFICA TU VIAJE **Llegada** Los visitantes internacionales pueden volar a San Juan (Puerto Rico) o Santo Domingo (República Dominicana) y luego tomar un vuelo de conexión. **Desplazamientos** Hay taxis, o se puede alquilar un coche. Los taxis acuáticos, ferris y pequeños aviones comunican Tórtola con las demás islas Vírgenes Británicas. **Tiempo** Clima agradable y con refrescantes vientos alisios. **Temperatura media** 29 °C.

Olas batiendo el litoral
cubierto de palmeras
de Tórtola

VIENA

Europa Austria
VIENA

POR QUÉ IR *Una visita en Navidad permite recorrer lo preciosos mercados vieneses y bailar toda la noche en la fiesta que la plaza de San Esteban acoge en Nochevieja.*

De todas las ciudades europeas, Viena es la que ofrece unas fiestas de Adviento y Navidad más alegres. Duran varias semanas y comienzan con la llegada de san Nicolás y su siniestro compañero Krampus al Christkindlmarkt.

Desde hace siglos, Viena se transforma cada año en un cuento de hadas invernal con luces titilando en las frías noches y mercados navideños por toda la ciudad. En estos vistosos mercados se vende una amplia selección de preciosas artesanías, juguetes, adornos y decoración para el árbol, todo ello cuidadosamente presentado. Mientras se recorre el laberinto de puestos, se percibe el aroma a castañas asadas, *Glühwein* (vino caliente con especias), *Punsch* (ponche de frutas con vino) y *Lebkuchen* (galletas de jengibre), lo que anima a degustar los platos navideños que han dado fama a los mercados vieneses.

En cuanto a las tradiciones, Viena las respeta todas: hay coros que llenan la ciudad de canciones, espectáculos de guiñol y un enorme despliegue de belenes. Y tras la Navidad, la fiesta continúa. Viena celebra la Nochevieja por todo lo alto y la acompaña de un enorme mercado que se reparte por las plazas de la ciudad. El epicentro de la fiesta es la plaza que rodea la catedral de San Esteban, donde la gente bebe champán helado y baila toda la noche.

Y esto no es todo. La víspera de Año Nuevo es un mero preludio a los trescientos bailes que se celebran durante la temporada de bailes de enero. No hay nada más vienés que un baile, y moverse al ritmo de un vals resulta el colofón perfecto a la estancia en la ciudad.

Otros meses para ir

Septiembre-octubre Es una época perfecta para visitar la ciudad, ya que se han marchado las multitudes del verano, el aire es fresco y hay muchos eventos culturales, como la Viennale y la Larga Noche de los Museos.

Arriba Puestos repletos y luces festivas en el Christkindlmarkt de la Rathausplatz, frente al ayuntamiento de Viena

Derecha Vasos de *Glühwein;* galletas de jengibre a la venta en un puesto del Christkindlmarkt; la suave iluminación reflejada en unos adornos navideños

PLANIFICA TU VIAJE **Llegada** Los aviones aterrizan en el aeropuerto internacional de Viena, situado a 20 km al sureste de la ciudad. **Desplazamientos** La mejor manera de recorrer Viena es a pie. También dispone de una red de metro (U-Bahn), autobuses y tranvías. **Tiempo** En diciembre hace frío y nieva un poco. **Temperatura media** 3 °C.

KERALA

Asia India
KERALA

POR QUÉ IR *En diciembre Kerala hace honor a su sobrenombre de la Tierra de Dios. Tras el paso del monzón el paisaje se vuelve frondoso, y la mejor manera de disfrutarlo es recorriendo los remansos de Kerala.*

Aguas que fluyen tranquilas entre arrozales y cocoteros, alteradas en ocasiones por el lánguido avance de un *kettuvallam* (barcaza para transportar arroz): así son las lagunas rodeadas de palmeras que conforman los remansos de Kerala, una zona de 900 km que combina tierra y agua. Los habitantes de este territorio claramente rural viven junto a sus animales y huertos, en un mundo completamente distinto al de las ciudades de India.

La mejor manera de recorrer los frondosos canales es a bordo de un *kettuvallam,* pasando lentamente junto a comunidades pesqueras y plantaciones. Estas atractivas embarcaciones de madera, en su origen utilizadas para transportar arroz, serpentean por las vías de agua, llevando a los niños a la escuela y distribuyendo productos por las aldeas.

Cuando el sol desciende sobre los remansos, perfilando las palmeras sobre el cielo, se siente una profunda paz solo perturbada por el grito de algún mono. La experiencia resulta absolutamente maravillosa, diferente a cualquier otra del subcontinente.

Otros meses para ir
Enero-febrero El tiempo sigue siendo cálido y seco.
Agosto-septiembre Se celebran regatas para el festival de Onam.

PLANIFICA TU VIAJE **Llegada** Los vuelos internacionales llegan a Kochi y a la capital estatal, Thiruvananthapuram. **Desplazamientos** Hay autobuses y trenes, o se puede contratar un conductor (acordar la tarifa primero). Los remansos solo pueden verse en barco. **Tiempo** Agradable; el monzón termina a principios de mes. **Temperatura media** 30 °C.

Tradicional casa flotante en los bellos remansos rodeados de palmeras de Kerala

Mantarraya
nadando sobre
el arenoso fondo
marino junto
a la costa de
Gran Caimán

Antillas
ISLAS CAIMÁN

POR QUÉ IR *Aguas cálidas y cristalinas y una impresionante vida marina. Diciembre es el mes perfecto para disfrutar de magníficas inmersiones en estas islas caribeñas.*

Las aguas azul cobalto que rodean las islas Caimán albergan un impresionante mundo submarino con peces de vivos colores, maravillosos arrecifes de coral e inquietantes pecios. Este espectacular paisaje subacuático es un verdadero paraíso para los submarinistas, que disponen de más de ciento cincuenta zonas de inmersión, todas ellas distintas y para todos los niveles. Se pueden hacer inmersiones nocturnas, diurnas, en pecios, en cuevas: las posibilidades son infinitas.

Los buceadores más aventureros deberían visitar Caimán Brac, la más oriental de las tres islas principales, donde se encuentra una de las zonas de inmersión más espectaculares del Caribe. Su famosa pared Norte alcanza una increíble profundidad de 4.250 m, y la más escarpada e impresionante pared Sur se sumerge aún más en la aterciopelada negrura de la sima. Las paredes están repletas de esponjas, corales en forma de dedo, gorgonias y una increíble variedad de fauna, incluidas morenas, peces loro, mantarrayas y tortugas verdes.

Los menos intrépidos tal vez prefieran las espectaculares zonas a menor profundidad, en las que se pueden recorrer cuevas y túneles y pasar por cañones y sublimes torres de coral. La visibilidad puede alcanzar los 46 m, sobre todo en los días despejados. Solo hay que sumergirse en el agua y comprobarlo por uno mismo.

Otros meses para ir
Marzo Bajan los precios y el tiempo es magnífico. **Junio** Los participantes de la Flowers Sea Swim nadan 1,6 km.

PLANIFICA TU VIAJE Llegada El aeropuerto internacional de Gran Caimán es el principal punto de llegada. Pequeño Caimán recibe vuelos diarios desde otras islas. También llegan cruceros. **Desplazamientos** En Gran Caimán y Caimán Brac se pueden alquilar coches, motos y bicicletas, y en Pequeño Caimán, bicicletas y todoterrenos. Hay muchos taxis. **Tiempo** Calor, cielos despejados y poca lluvia. **Temperatura media** 28 °C.

FAUNA MARINA

Las aguas color turquesa que rodean las islas Caimán sirven de hábitat a una impresionante fauna marina. Solo hay que abrir los ojos y estar atento.

Los multicolores **peces loro** (*arriba*) son especialmente abundantes en las aguas de Gran Caimán. Gracias a su boca apuntada, limpian y mantienen sano el coral mientras se alimentan.

El **tiburón de arrecife del Caribe** (*arriba*) es común en los profundos canales de agua próximos a Pequeño Caimán y Caimán Brac.

El buceo y el esnórquel son deportes muy populares en este paraíso insular. La mayor recompensa es toparse con una rara **tortuga verde** (*arriba*) en estado salvaje.

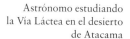

Astrónomo estudiando
la Vía Láctea en el desierto
de Atacama

América del Sur Chile
SAN PEDRO DE ATACAMA

POR QUÉ IR *En el norte de Chile se pueden tocar las estrellas.*
En diciembre, último mes de primavera, hay temperaturas cálidas,
pocos turistas y cielos despejados –ideal para observar el cielo–.

Brillantes llanuras de sal y extrañas formaciones rocosas, géiseres y lagos color esmeralda, volcanes y escarpadas montañas, y por encima de todo un impresionante cielo: bienvenido a San Pedro de Atacama, el desierto más árido del planeta. La geografía del norte de Chile y la inexistencia de contaminación lumínica convierten la región en un verdadero paraíso para la observación astronómica. Y diciembre es un mes magnífico para alzar la vista hacia el cielo nocturno de San Pedro, repleto de estrellas, planetas, constelaciones, nebulosas y demás cuerpos celestes. Esta época es además la más tranquila del año, así que da la impresión de tener el universo en exclusiva.

Las rutas astronómicas, con guías astrónomos que enseñan a leer mapas celestes y a identificar estrellas, constelaciones y galaxias, son una buena opción para disfrutar del cielo nocturno. Se proporcionan telescopios para observar Júpiter, Saturno y la galaxia de Andrómeda y equipo especializado para tomar increíbles fotografías del colosal universo.

Lo mejor es combinar la ruta con una visita al Atacama Large Millimeter Array (ALMA), el mayor radiotelescopio del mundo. Este potente equipo tecnológico permite a los astrónomos estudiar los orígenes del universo y la formación de las primeras galaxias. A los simples mortales les ofrece una experiencia inolvidable, ya que jamás sentirán el espacio exterior tan cercano.

Otros meses para ir
Junio La animada Fiesta de San Pedro y San Pablo se celebra el 29 de junio e incluye música, baile, procesiones y muchísima comida y bebida.

PLANIFICA TU VIAJE **Llegada** El aeropuerto más cercano –El Loa– está en la ciudad de Calama, a 100 km al noroeste de San Pedro. Hay autobuses regulares de El Loa a San Pedro. **Desplazamientos** Se pueden visitar los destinos cercanos a pie, en bicicleta, en taxi o en un coche alquilado, pero lo mejor es recorrer la región con una visita organizada. **Tiempo** Cálido y con chubascos ocasionales. **Temperatura media** 24 °C.

«El paisaje luce un blanco resplandeciente, sobre el que destacan los vivos colores de los gorros de lana»

Izquierda Reno deambulando por el paisaje nevado del Parque Nacional Lemmenjoki, Laponia

Arriba Hoguera en Laponia; árboles y bonita cabaña cubiertos de nieve

LAPONIA

HELSINKI

Europa Finlandia
HELSINKI Y LAPONIA

POR QUÉ IR *Nadie celebra la Navidad como los finlandeses. En Helsinki, la capital, el ambiente festivo lo inunda todo y en Laponia se percibe una alegría infantil y algo almibarada –después de todo, es el hogar de Santa Claus–.*

Los finlandeses adoran el invierno y toda la parafernalia navideña que lo acompaña. Disfrutan de él e invitan al mundo entero a acompañarlos a los estanques helados y las pistas de esquí. Hace tanto frío que el mar llega a congelarse, lo que anima a los intrépidos lugareños a calzarse los patines de hielo. El paisaje luce un blanco resplandeciente, sobre el que destacan los vivos colores de los gorros, bufandas y mitones de lana.

El mejor lugar para empezar la aventura por Finlandia es la capital, Helsinki, una ciudad que combina el estilo de sus vecinos nórdicos con el romanticismo de la Europa oriental. En ella se encuentran preciosas iluminaciones, atractivos mercados, villancicos y multitud de actividades.

Otro destino ineludible es la Laponia de Santa. A principios de diciembre, la región se llena de imágenes, sonidos y aromas festivos: los excitados gritos de los niños al ver a Santa, salchichas y arenques chisporroteando sobre brasas, el aroma a bizcochos de miel recién horneados al entrar en un café, las suaves notas de un músico callejero y el barullo de los mercados al aire libre. Entre los puestos siempre suele haber uno con un humeante recipiente de *glögi*, una mezcla de vino tinto, especias, pasas y zumo de grosella negra que calienta el cuerpo. Esto es un paraíso para chicos y grandes.

Otros meses para ir
Febrero Laponia está cubierta de nieve y aparecen las mágicas auroras boreales. **Septiembre** En Helsinki los árboles empiezan a perder las hojas, lo que se conoce como *ruska*.

PLANIFICA TU VIAJE
Llegada Los vuelos aterrizan en el aeropuerto de Helsinki, situado a 20 km del centro de la ciudad. **Desplazamientos** Autobuses, tranvías, trenes y barcos proporcionan transporte por todo Helsinki. A Laponia, a 830 km al norte, se puede llegar en tren (11 horas de viaje) o en un vuelo nacional. **Tiempo** Frío y con nevadas frecuentes y ligeras. **Temperatura media** -2 °C.

LAOS

Asia
LAOS

POR QUÉ IR *Los cielos luminosos y despejados de diciembre son el telón de fondo perfecto para contemplar Laos mientras se desciende por el Mekong.*

En las neblinosas montañas del norte de Laos se encuentra Luang Prabang, antigua capital real, que ocupa un promontorio sobre el río Mekong. Esta ciudad conserva numerosos templos de madera tallada con estarcidos dorados, mosaicos y techumbres de varias alturas que descienden en cascada.

En la mejor manera de llegar a Luang Prabang es en barco por el Mekong, una travesía memorable que comienza en la frontera tailandesa. Bajando por sus turbulentas aguas, que pasan junto a paredes verticales y cumbres boscosas, se contemplan paisajes vírgenes, pintorescos pueblos y cuevas sagradas.

El recorrido por el río continúa hasta Vientiane, la capital de Laos. La paz de esta tranquila ciudad queda rota por los *tuk-tuk* que se dirigen al mercado matinal, donde los turistas regatean por preciosas sedas salvajes y joyas de plata. Al atardecer, la hermosa luz del sol tiñe de dorado el rojizo Mekong y baña esta tierra casi intacta.

Otros meses para ir
Abril El Pi Mai Lao (Año Nuevo Laosiano) es una fiesta de tres días que incluye ceremonias, desfiles, regatas y mucha agua.

PLANIFICA TU VIAJE **Llegada** Volar hasta el aeropuerto internacional de Chiang Mai, en Tailandia, y viajar a Chiang Khong para cruzar la frontera hacia Laos. Tomar un autobús a Huay Xai (en la provincia de Bokeo) y dirigirse al muelle para embarcar. **Desplazamientos** En las escalas lo mejor es moverse a pie. **Tiempo** Seco y caluroso. **Temperatura media** 30 °C.

En el sentido de las agujas del reloj desde arriba a la izquierda Barco en el Mekong al atardecer; ofrendas en un templo budista de Vientiane; jóvenes monjes budistas en Wat Siphoutabath, Luang Prabang

América del Norte Estados Unidos
SANTA FE

POR QUÉ IR *En Santa Fe el mes de diciembre está salpicado de celebraciones navideñas, pero los principales eventos son del día 23 al 26.*

SANTA FE

Los farolitos son algo realmente sencillo: una bolsa de papel con arena en el fondo y una vela dentro. Pero cuando se encienden al atardecer, proporcionan una luz cálida y acogedora. Ahora imagina decenas de miles de ellos repartidos por las aceras de la ciudad y los alféizares de los edificios.

Por supuesto, la Navidad en Santa Fe ofrece mucho más que farolitos. La ciudad conserva tradiciones centenarias que celebran la intensa y cautivadora mezcla de culturas nativa americana, española y anglosajona. Y en las noches frías y despejadas, el aire es tan transparente que parece que la vista alcanza hasta el infinito y el cielo estrellado brilla como una cúpula decorada con lucecitas. En los pueblos que rodean Santa Fe la Navidad es una época especial. En ellos las ceremonias combinan prácticas cristianas y tradiciones tribales. Sus ecos son el antiguo himno de esta

sorprendente tierra situada sobre una meseta, entre montañas cubiertas de nieve y el infinito desierto al oeste.

Otros meses para ir

Septiembre Temperaturas suaves y muchas celebraciones, entre ellas la Fiesta de Santa Fe.

PLANIFICA TU VIAJE Llegada Los vuelos internacionales aterrizan en Albuquerque, Nuevo México, situada a 105 km de Santa Fe. **Desplazamientos** Lo mejor es recorrer la ciudad a pie; para visitar las afueras se puede alquilar un coche. **Tiempo** Soleado y seco. **Temperatura media** 7 °C.

Edificios de la plaza de Santa Fe iluminados con farolitos que titilan por la noche

EDIMBURGO

Europa Escocia
EDIMBURGO

POR QUÉ IR *Al final del año las noches son cada vez más oscuras y frías, así que conviene abrigarse para disfrutar del Hogmanay de Edimburgo.*

En la base de la roca sobre la que se alza el castillo se reúne la multitud para contemplar los fuegos artificiales que inundan el cielo con su brillo. Edimburgo es conocido por muchas cosas, pero sobre todo por el Hogmanay, su tradicional fiesta de Fin de Año. Este hedonista preludio de tres días al Año Nuevo atrae a unas 150.000 personas, que se van animando a medida que la celebración se aproxima a su clímax: la medianoche del 31 de diciembre. Hay muchas actividades, entre ellas conciertos, catas de whisky, grupos de música, DJs, bailes de las Tierras Altas y el desfile de las Antorchas entre el castillo y el parque Holyrood. Es la mejor fiesta de Año Nuevo del mundo, así que, ¿por qué no unirse a ella?

Otros meses para ir
Agosto La ciudad acoge el Edinburgh Festival Fringe, el mayor festival de artes escénicas del mundo.

El desfile de las Antorchas avanza por la Royal Mile para dar comienzo al Hogmanay de Edimburgo

PLANIFICA TU VIAJE Llegada El aeropuerto internacional de Edimburgo está unido a la ciudad por autobuses y tranvías. **Desplazamientos** Los autobuses son fiables, pero es sencillo moverse a pie. **Tiempo** Frío, húmedo y ventoso. **Temperatura media** 3 °C.

Oceanía Australia
SIDNEY

POR QUÉ IR *Sidney, conocida como la «ciudad portuaria» de Australia, es considerada la «capital de la fiesta» del país, y su principal celebración es la de Año Nuevo. Desde el puerto se ven sus famosos fuegos artificiales.*

Sidney es una hermosa ciudad que se extiende en torno a un maravilloso puerto, donde seencuentra el impresionante puente de la Bahía de Sidney. Quizás lo más famoso sea su Teatro de la Ópera, cuya cubierta recuerda a un barco con las velas desplegadas. La cultural y posmoderna Sidney se ha convertido en uno de los mejores lugares para celebrar la Nochevieja, cuando el litoral de la ciudad se transforma en un deslumbrante escenario.

El gran día, los barcos del puerto se van iluminando poco a poco, a medida que la luz se atenúa, y a medianoche comienza el espectáculo pirotécnico. Una cortina de fuegos artificiales cubre el puente y el estallido de color de las sucesivas descargas de cohetes inunda el cielo. Cuando todo acaba, es como si alguien hubiera apagado la luz y los espectadores enloquecen. No hay manera más australiana de celebrar

algo que preparar una barbacoa y tomarse unas latas de cerveza en algún mirador, y eso es lo que hace la gente hasta el amanecer.

Lo típico del día de Año Nuevo es acudir a la playa Bondi para darse un baño en el mar, el remedio perfecto para la resaca. También se puede subir a una tabla de surf para esperar la ola perfecta. La llegada de cada gran ola desata una frenética actividad, y quienes logran montarse en ella se deslizan hasta la orilla. Lo mejor es aprovechar la oportunidad y empezar el nuevo año al estilo australiano.

Otros meses para ir

Enero Entre los eventos de este mes se incluyen la liga de críquet Big Bash y las tres semanas de arte y cultura del Festival de Sidney.
Octubre Clausura de la liga de rugby, un gran acontecimiento en la ciudad.

PLANIFICA TU VIAJE Llegada Los vuelos llegan al aeropuerto de Sidney, a 12 km del centro de la ciudad. **Desplazamientos** Hay una excelente red de autobuses, trenes ligeros, metro y ferris. Los taxis también son baratos. **Tiempo** En diciembre casi está garantizado un tiempo cálido, con refrescantes brisas marinas en la orilla. **Temperatura media** 24 °C.

Fuegos artificiales sobre la emblemática cubierta de la ópera de Sidney

ÍNDICE

AGRADECIMIENTOS

Los editores desean agradecer a las siguientes personas sus contribuciones (por orden alfabético): J. P. Anderson, David Atkinson, Christopher Baker, Pam Barrett, Eleanor Berman, Shawn Blore, Philip Briggs, Christopher Catling, Sue Dobson, Mary Fitzpatrick, Rebecca Ford, Paul Franklin, Aruna Ghose, Jeremy Gray, Paul Greenberg, Eric Grossman, Graeme Harwood, Denise Heywood, Andrew Humphreys, Nick Inman, Yvonne Jeffery, Evelyn Kanter, Christopher Knowles, Tania Kollias, Simon Lewis, Frances Linzee Gordon, Rachel Lovelock, Sinead McGovern, Jenny McKelvie, Robin McKelvie, Mari Nicholson, John Noble, Georgina Palffy, Laura Byrne Paquet, Don Philpott, Eleanor Radford, Nick Rider, Barbara Rodgers, Andrew Sanger, Juergen Scheunemann, Deanna Swaney, Hugh Taylor, Samantha Tidy, Craig Turp, Ross Velton, Joanna Williams, Roger Williams, Helena Zukowski

CRÉDITOS FOTOGRÁFICOS

Los editores desean agradecer a las siguientes personas, compañías y bancos de imágenes el permiso concedido para reproducir sus fotografías:

Leyenda: a-arriba; b-abajo/al pie; c-centro; f-extremo; l-izquierda; r-derecha; t-encima

4Corners: Jordan Banks 162-163; Marco Gaiotti 45bc; Susanne Kremer 154-155, 187bc, 220-221b; Arcangelo Piai 186-187t; Maurizio Rellini 231r; Reinhard Schmid 178b; Anna Serrano 236-237t; Richard Taylor 179t; Francesco Tremolada 36-37.

Alamy Stock Photo: age fotostock 118bc, / Antonio Gravante 93cla; Arco Images GmbH / Arco / F. Schneider 41fcra; Mark Bassett 99br; Paul Brown 74crb; Cavan / Gabe Rogel 15bl; Cosmo Condina 122b; EggImages 185cra; Philip Game 19crb; Jane Gould 41cr; Stephen Harrison 34br; Hemis / Gil Giuglio 225cra, / Escudero Patrick 203l; Justin Hofman 46-47; Bob Hurley 34bl; imageBROKER / Olaf Krüger 232-233, / Moritz Wolf 64clb; Jon Arnold Images Ltd / Michele Falzone 93cl; Scott Kemper 182-183t; Muslianshah Masrie 53tr; mauritius images GmbH / ClickAlps 22cr, / Per-Andre Hoffmann 140-141, / Frank Lukasseck 113tr, / New Zealand Māori Arts and Crafts Institute at Te Puia, Rotorua / Michael Runkel 42br, / Gerhard Wild 237br; Rose-Marie Murray 221tr; National Geographic Image Collection 164-165t, 174-175b, / Chris Bickford 241crb, / Cesare Naldi 22cra; nekphotos 53tc; Sergi Reboredo 225fcra; robertharding / Kimberly Walker 14; Stocktrek Images, Inc. / Brook Peterson 241cr; Jeremy Sutton-Hibbert 107clb; Nicholas Tinelli 74cra; WaterFrame 175tc; Andrew Wilson 248-249; Jan Wlodarczyk 113br, 192-193; Xinhua / Lu Zhe 85br; ZUMA Press, Inc. 118br.

AWL Images: Peter Adams 171tr; Jon Arnold 24t, 32cr, 32br, 82-83; Aurora Photos 246-247b; Walter Bibikow 247tc; Marco Bottigelli 132-133; Demetrio Carrasco 197bl; Matteo Colombo 112cr; Nigel Pavitt 13tl, 39bc; Doug Pearson 24-25b; Mattes Rene 217bl.

Depositphotos Inc: Baranov_Evgenii 202b.

Dreamstime.com: Andersastphoto 149cr; BarbaraCerovsek 173cr; Jakub Barzycki 40; Lukas Bischoff 196; Thomas Brissiaud 34-35t; Aurora Esperanza Ángeles Flores 130fcra; Markus Gann 43; Georgiakari 78; Helen Hotson 106-107; Tom Meaker 149crb; Glenn Nagel 248b; Cj Nattanai 223br; Sean Pavone 214-215; Peek Creative Collective 101b; Matthew Ragen 74cr; Rosshelen 61br; Alexander Shalamov 175tl; Igor Stevanovic 173cra; Tenkende 93bl; Matthew Train 144-145t; Martin Valigursky 225crb.

Getty Images: 500px / Mikeal Beland 158-159, / Lukas Huber 64cl, / Daniel Kay 98, / Anton Komlev 244cr, / Yash Sheth 52-53b, / Ravi Valdiya 73tc; AFP / Cris Bouroncle 130cra, / Tobias Schwarz 151clb; Steve Allen 225fcr; Arctic-Images 26-27t; artherng 38-39t; Sirachai Arunrugstichai 41fcr; Aurora Photos / Carl D. Walsh 183tc; Adél Békefi 91bl; Walter Bibikow 95t, 234-235; Paul Biris 39bl; Levente Bodo 138-139; Kitti Boonnitrod 16; Boston Red Sox / Billie Weiss 95bl, 95br; Malcolm P. Chapman 219br; Matteo Colombo 60-61, 224-225b; coolbiere photograph 222; Corbis / Jeff Vanuga 153tl; Cultura RM Exclusive / Philip Lee Harvey 244clb; Ian Cumming 58cla, 58r; David Merron Photography 152br; Jeff Diener 27cb; distant lands 12br; Ruben Earth 18-19b; Neil Emmerson 65br; Enn Li Photography 183br; EyeEm / Roberto Anania 33, / Cristian Bortes 79bl, / Tom Eversley 107cla, / Till Findl 22br, / Addy Ho 167bc, / Daniel Klatzer 172, / Erlend Krumsvik 73tr, / Scott Puetz 206cr, / Shawn Walters 166-167t; Grant Faint 204-205; Brit Finucci 136-137; fitopardo.com 211clb; National Geographic Image Collection / Chris Schmid 44-45t, / Ralph Lee Hopkins 153r; Geraint Rowland Photography 211cla; Marc Guitard 13r; Zsolt Hlinka 70-71; Bjorn Holland 76cr; Jeff Hunter 241cra; JKboy Jatenipat 18-19t; John Crux Photography 170-171b, 188bl; Wolfgang Kaehler 108br; Dave G. Kelly 64cla; Katja Kreder 76bl; Jonathan Lewis 145br; Vincenzo Lombardo 10bl; David Madison 168-169; Philippe Marion 68br; Matt Anderson Photography 166-167b; Cormac McCreesh 175tr; Buda Mendes 49t; Moment / Luis Dafos 247tr, / Nadya Kulagina 240, / Naomi Rahim 244tr; James Morgan 188-189t; Nature Picture Library / Anup Shah 188bc; Nick Brundle Photography 125br; Ed Norton 88-89; Jake Norton 56bl; Jose Oliveira 6cl; Scott Olson 62-63; PEC Photo 200-201; Juan Pelegrín 6tl; Peter Zelei Images 194-195; Anton Petrus 86-87; Ph. Francesco Ciccotti 176-177; Pixelchrome Inc 76tr; Ratnakorn Piyasirisorost 75; Adrian Pope 30-31; Joe Daniel Price 6b, 96-97, 146-147; Joe Regan 128-129b; robertharding / Oliver Wintzen 69; Michael Roberts 145bl; SammyVision 54-55; Shestock 104br; shomos uddin 64-65; Simon Phelps Photography 180-181; SinghaphanAllB 28-29, 102-103; SOPA Images / LightRocket 151br; Kyle Sparks 192b; Alexander Spatari 114-115; SPC#JAYJAY 100-101; Inti St Clair 217br; Stocktrek Images / Yuri Zvezdny 242-243; Murat Taner 48-49b; thipjang 80-81b; David Tipling 27clb; Luca Trovato 92; Pierre Turtaut 231tl; Universal Images Group / Education Images 211cl; VCG 120-121; VisionsofAmerica / Joe Sohm 142bl; Simon Watson 199br; Whitworth Images 50-51, 125bc; Terrence Wijesena 228-229; Wild Africa Nature 137br; wiratgasem 216-217t; www.christophe faugere.com 10-11t; xia yuan 113tl; Yagi Studio 81tc; Gary Yeowell 198-199; zhangshuang 190-191.

iStockphoto.com: 4X-image 218bl; Orbon Alija 118t; anzeletti 59cra; bluejayphoto 142-143; Britus 163br; calm_eyes 134-135; DanielHarwardt 204bl; E+ / anzeletti 237bc, / borchee 116-117b, 126-127, / DKart 105, / fotoVoyager 156bl, / mbbirdy 20-21, / miralex 19bc, / PeskyMonkey 88bl, / RelaxFoto.de 23, / stockstudioX 56-57, / svetikd 237bl, / TommL 218-219, / zelg 125bl; Em Campos 238-239; fmajor 171tc; Gatsi 110-111; Infografick 148-149b; KenWiedemann 183bl; kokkai 251; lindsay_imagery 155br; nicomenijes 59br; OSTILL 165bc; Rat0007 113bl; rchphoto 130fbr; RichardALock 55crb; RomaBlack 4-5; Jonathan Ross 66-67; rusm 10bc; simonbradfield 124-125t, 225fbr; Simonology 226-227; Starcevic 206br; Joerg Steber 130fcr; Onur Yuksel 185br; zorazhuang 112tr.

Mapas de Free Vector Maps http://freevectormaps.com: 11tc, 12tl, 15ca, 17tl, 18tl, 21tc, 22tl, 24c, 25tl, 26tl, 30tl, 32tl, 35tc, 36tl, 38tl, 41tl, 42tl, 44tl, 47tc, 48tl, 49cr, 52tl, 54tl, 56tl, 57tr, 59tl, 60tl, 62tl, 65tc, 66tl, 68tl, 72tl, 74tl, 77cl, 79tc, 80tl, 82tl, 85cla, 88cra, 89tr, 90tl, 93tc, 94cl, 99tl, 100tl, 101tr, 102tl, 104cla, 107tc, 108tl, 110tl, 112tl, 115tc, 119cla, 120tl, 122tr, 123tr, 124tl, 127tc, 128cla, 130tl, 132tl, 134cla, 136tl, 140tl, 142tr, 143tr, 144tl, 148tl, 150cl, 152tl, 154cla, 157tc, 161cra, 162cla, 163cra, 164tl, 166tl, 169tr, 170cla, 173tl, 174tl, 178ca, 179cr, 181tc, 182tl, 185cla, 186tl, 189ca, 190tl, 192tr, 193tr, 197ca, 199tc, 202cra, 203tr, 205cra, 206tl, 209ca, 211ca, 212ca, 216tl, 219tc, 220tl, 221cr, 223tl, 224tl, 226tl, 229tc, 230tl, 234tl, 236tl, 239tc, 241cla, 242tl, 245cl, 246cla, 248cra, 249tr, 250cla.

Picfair.com: Rui Baiao 130crb; Carlos Sánchez Pereyra 210; Stockimo 156-157; John Such 184.

Robert Harding Picture Library: Neale Clark 128-129t; Frans Lanting 164-165b.

Shutterstock: aodaodaodaod 55cra; Eric Valenne geostory 149cra; Seljan Gurbanova 173crb; Ric Jacyno 129bc; nicolasvoisin44 41crb; Soonthorn Wongsaita 41fbr.

SuperStock: age fotostock / Toño Labra 85cra.

Unsplash: Alexandra Andersson 104crb; Mar Cerdeira 151tc; Drew Colins 207; Kylie Docherty 90-91t; Michael Durana 208-209; elCarito / Wild Drawing *Believe in Dreams* 91br; Yuriy Garnaev 72-73; Drew Hays 122-123; Braden Jarvis 212-213; Valentin B. Kremer 187tr; L A L A 132br; Tim Marshall 42crb; Joshua Medway 39br; Random Institute 44-45b; Jailam Rashad 8-9; Hans Reniers 91bc; Heather Shevlin 2; Shounen21 109; Sorasak 6tr; Match Sùmàyà 81tr; Willian Justen de Vasconcellos 131; William Warby 186-187b; Sander Wehkamp 160-161; Fatih Yürür 84.

Imágenes de cubierta:
Delantera y trasera: **Unsplash:** Simon Matzinger.

Para más información:
www.dkimages.com